Diät bei Krankheiten des Magens und Zwölffingerdarmes

Prof. Dr. med. Herbert Kaess

Diät bei Krankheiten des Magens und Zwölffingerdarmes

Einführung von
Prof. Dr. med. Herbert Kaess
Chefarzt der 2. Medizinischen Abteilung
des Städtischen Krankenhauses
München-Bogenhausen,
Schwerpunkt Gastroenterologie

Rezeptteil von Brigitte Zöllner, Diätassistentin und Redakteurin
München

FALKEN

In der Reihe »DIÄT HEUTE« sind unter anderem erschienen:

Diät bei Krankheiten des Magens und Zwölffingerdarmes (3201)

Diät bei Herzkrankheiten und Bluthochdruck (3202)

Diät bei Erkrankungen der Nieren, Harnwege
und bei Dialysebehandlung (3203)

Diät bei Gicht und Harnsäuresteinen (3205)

Diät bei Zuckerkrankheit (3206)

Diät bei Krankheiten der Gallenblase, Leber
und Bauchspeicheldrüse (3207)

Diät bei erhöhtem Cholesterinspiegel
und anderen Fettstoffwechselstörungen (3208)

ISBN 3 8068 3201 3

Nachauflagenredaktion: Astrid Waller
Titelbild und Fotos: TLC-Foto-Studio GmbH, Bocholt
Zeichnungen: Helga Henkel

Satz: Libro, Kriftel bei Frankfurt
Druck: Freiburger Graphische Betriebe, Freiburg

06320188X 817 2635

Inhalt

Einleitung

„Alles, was der Mensch zu sich nimmt, geht durch den Magen, nicht nur die Speisen." Ein Sprichwort, das für viele Menschen Gültigkeit besitzt und die Bedeutung dieses Organs beleuchtet. So schlägt nicht nur ein Übermaß an Genußstoffen, wie Alkohol und Nikotin, vielen Menschen auf den Magen, sondern auch „heruntergeschluckter" Ärger und Groll. Die Empfindlichkeit des Magens gegen bestimmte Nahrungsmittel und seelische Belastungen ist eine bekannte Erfahrung.

Beobachtungen über die Verträglichkeit und Unverträglichkeit von Speisen haben einerseits zu einer skeptischen Beurteilung der Diätetik bei Magenerkrankungen, andererseits zu starren, strengen Vorschriften geführt. Einseitige Anleitungen mit unausgewogener Nährstoffzufuhr können jedoch Anlaß zu einer Fehlernährung mit Mangelerscheinungen sein. Erst in den letzten Jahren sind wissenschaftliche Erkenntnisse erarbeitet worden, die eine ausgewogene Beurteilung der Diätetik bei Magenerkrankungen und die Aufstellung allgemeiner Regeln erlauben. Darüber hinaus werden der individuellen Verträglichkeit von Speisen sowie der Einwirkung des landsmannschaftlichen kulturellen und sozialen Umfeldes eine große Bedeutung beigemessen. Sie umgrenzen den Spielraum zur Gestaltung einer Kost, die nicht nur in ihrer Zusammensetzung an Kalorienträgern und Nährstoffen, wie zum Beispiel Eiweiß, sondern auch in Farbe, Geruch, Geschmack den persönlichen Bedürfnissen des Menschen Rechnung trägt.

Aufgaben des Magens

Der Magen ist ein drüsiges und muskuläres Hohlorgan. Ein Verschlußmechanismus am Mageneingang (Cardia) verhindert den Rückfluß von Mageninhalt in die Speiseröhre, da deren Schleimhaut gegen Verdauungssäfte sehr empfindlich ist. Am Magenausgang erfolgt durch die Tätigkeit der Magenmuskulatur die schubweise Entleerung der Speisen in den Darm, gleichzeitig verhindert der Pförtnermuskel (Pylorus) den Rückfluß von Darminhalt in den Magen. Diese beiden Aufgaben müssen als die wichtigsten Funktionen des Magens angesehen werden. Ihr Ausfall, zum Beispiel nach Magenoperationen, ist für die meisten der auftretenden Beschwerden verantwortlich. Im Gegensatz zu anderen inneren Organen, zum Beispiel der Leber, ist der Magen nicht lebensnotwendig, das heißt der Mensch kann auch nach völliger Entfernung dieses Organs leben, allerdings manchmal mit erheblichen Beschwerden.

Im Leermagen befinden sich geringe Mengen des Magensekretes. Beim Essensvorgang werden durch nervöse (psychische) Reize, zum Beispiel Hungergefühl, Geruch und Farbe der Speisen, sowie durch die verschluckte Nahrung selbst im Magen die Absonderung eines salzsäurehaltigen Saftes angeregt. Durch diesen sauren Magensaft und durch die Muskeltätigkeit des Magens wird die Nahrung in den Speisebrei umgewandelt. Die höchste Salzsäurekonzentration findet sich, wenn der Großteil der Speisen den Magen bereits verlassen hat, weil der Magensaft nicht mehr durch Speisen und Getränke verdünnt wird. Es ist somit verständlich, daß Schmerzen zu diesem Zeitpunkt, das heißt 30–90 Minuten nach dem Essen, auftreten, wenn die hochkonzentrierte Salzsäure des Magensaftes in Kontakt mit geschädigter Schleimhaut kommt. Für die Umwandlung der Speisen ist die Salzsäure des Magens hilfreich, aber nicht unerläßlich, denn Personen mit fehlender Salzsäuresekretion, zum Beispiel mit einer Biermerschen Anämie, haben keine Verdauungsbeschwerden.

Die schubweise Entleerung von Mageninhalt in den Zwölffingerdarm verursacht die Freisetzung von gastrointestinalen Hormonen aus der Darmwand. Diese Hormone regen die Ausschüttung von Galle aus der Gallenblase und die Absonderung von Bauchspeichel an. Letzterer ist für die Verdauung der Nahrung von allergrößter Bedeutung, denn er zerlegt sie in ihre einzelnen Bestandteile: Kohlenhydrate, Eiweiß, Fette. Durch die schubweise Entleerung werden folgende Punkte gewährleistet: 1. die kontinuierliche Absonderung des Bauchspeichelsekretes und der Galle sowie 2. die Mischung des Speisebreies mit diesen Verdauungssäften. Der exakte Ablauf der Verdauungsvorgänge ist die Voraussetzung für eine ungestörte Aufnahme der Nahrung über den Darm in den Körper.

Erkrankungen des Magens

Magenschleimhautentzündung (Gastritis)

Brennende, in schweren Fällen krampfartige Schmerzen in der Magengrube, Übelkeit und Brechreiz im Nüchternzustand oder verstärkt nach Nahrungszufuhr sind die Beschwerden bei einer akuten Magenschleimhautentzündung. Blickt man während einer Magenspiegelung mit einem Gastroskop in den Magen, erscheint dann die Schleimhaut stark gerötet, teilweise mit Blutungen und oberflächlichen Geschwüren, sogenannten Erosionen. Häufige Ursache für die **akute Gastritis** ist der Genuß größerer Mengen konzentrierten **Alkohols,** in Form von Wein und sogenannten harten Getränken, vor allem außerhalb der Hauptmahlzeiten. Untersuchungen haben gezeigt, daß eine 10%ige oder höher konzentrierte alkoholische Lösung zu einem Zusammenbruch der Schleimhautschutzschicht, der sogenannten Mucosabarriere, führt. Dadurch kann die Salzsäure des Magensaftes in die Magenschleimhaut eindringen und dort eine Entzündung verursachen. Das Ausmaß und die Dauer der Schädigung, das heißt der lokalen Magenschleimhautentzündung, nimmt mit steigender Alkoholkonzentration zu.

Ähnliche Veränderungen werden durch bestimmte **Medikamente** hervorgerufen, die direkt oder indirekt die Schleimhaut schädigen, indem sie ihre Regeneration verlangsamen. Dazu gehören in erster Linie entzündungshemmende Schmerzmittel, die zum Beispiel Acetylsalicylsäure (Aspirin), Prostaglandin-Inhibitoren sowie Antibiotika enthalten. Es ist ratsam, derartige, oft notwendige Medikamente während des Essens mit Wasser verdünnt einzunehmen, um ihre irritierende Wirkung auf die Magenschleimhaut durch die Verdünnung mit Speisen und Magensaft zu mildern. Akute Gastritiden, welche auf Medikamente zurückzuführen sind, bilden sich in der Regel zurück, wenn die schädigende Substanz ausgeschaltet und eine diätetische Schonung des Magens gewährleistet wird.

Speisen, die durch Bakterien verseucht sind, verursachen ebenfalls eine akute Entzündung von Magen und Darm (Gastroenteritis), die mit Brechdurchfall und Fieber einhergeht. Werden die Bakterien rasch ausgeschieden, klingt das Krankheitsbild innerhalb von 1–3 Tagen ab. Vermehren sich die Keime dagegen im Darm und gelangen in das Körpersystem, zum Beispiel Salmonellen, entwickelt sich ein länger andauerndes Krankheitsbild mit Durchfall und Leibschmerzen sowie Zeichen der Allgemeininfektion.

Neuere Untersuchungen haben gezeigt, daß eine Infektion mit Campylobacter pylori zu akuten isolierten Magenschleimhautentzündungen führen kann. Dieser Keim wird häufig bei **chronischen Magenschleimhautentzündungen,** auch im Zusammenhang mit Magen- und Zwölffingerdarmgeschwüren nachgewiesen, ohne daß bisher geklärt ist, ob er an der Entwicklung dieser Erkrankung beteiligt ist. Häufig verursacht die chronische Gastritis keine Beschwerden. Da sie zudem mit zunehmendem Alter ein häufiger Befund (zum Beispiel bei Personen über 50 Jahren über 60%) ohne Krankheitsbedeutung ist, wird sie nicht mehr als ein chronisches Leiden aufgefaßt.

Verweilt der Mageninhalt längere Zeit in der Speiseröhre infolge eines vermehrten Rückflusses aus dem Magen oder einer gestörten peristaltischen Rückbeförderung in den Magen, entsteht eine Entzündung der Schleimhaut der Speiseröhre, eine **Refluxoesophagitis.** Sie äußert sich in einem brennenden Gefühl hinter dem Brustbein und kann mit Schluckbeschwerden einhergehen.

Magen- und Zwölffingerdarmgeschwür

Geschwüre (Ulcera) entstehen in der Speiseröhre, im Magen oder Zwölffingerdarm unter der Einwirkung der Magensäure. Liegen die Geschwüre oberflächlich in der Schleimhaut, werden sie Erosionen genannt. Das Geschwür entsteht letzten Endes aus der Unfähigkeit bestimmter Schleimhautbezirke, der Aggression des Magensaftes standzuhalten.

Akute Geschwüre können durch dieselben äußeren Noxen (Giftstoffe) verursacht werden, die auch zur Entstehung einer akuten Magenschleimhautentzündung führen. Hierzu gehören Alkohol, Medikamente, zum Beispiel Aspirin, Antirheumatika und Kortison, insbesondere bei Rheumatikern. Fallen diese Noxen weg, so heilen auch die akuten Geschwüre in kurzer Zeit ab. Dies gilt ebenfalls für Ulcera im unteren Abschnitt der Speiseröhre, die unter der Einwirkung eines beständigen Rückflusses des salzsäurehaltigen Mageninhaltes in die Speiseröhre entstehen. Wird dieser Reflux, zum Beispiel durch Medikamente, die die Säuresekretion des Magens hemmen, ausgeschaltet, so bilden sich die Geschwüre in der Regel zurück. Ebenfalls zu den akuten Geschwüren zählen Ulcerationen im Magen und Zwölffingerdarm bei Streßsituationen und nach Operationen.

Die Ursache des **chronischen Geschwürs** im Magen und Zwölffingerdarm ist unbekannt. Beim Zwölffingerdarmgeschwür wird in der Regel eine erhöhte Säureproduktion im Magen gefunden. Bekannt ist eine erbliche Disposition zur Geschwürbildung, das heißt, es gibt Familien, in denen Magen- und Zwölffingerdarmgeschwüre gehäuft zu finden sind.

Der Ulcuspatient leidet unter krampfartigen, drückenden, kneifenden Schmerzen im Oberbauch, die oft mit Hungergefühl verbunden sind. Die Schmerzen dauern 15 Minuten bis mehrere Stunden an und werden durch Nahrungsaufnahme gebessert, da die ätzende Salzsäure des Magens abgepuffert wird. Daher treten die Schmerzen auch erst 15 Minuten bis 2 Stunden nach dem Essen auf. Aufgrund der hohen nächtlichen Säuresekretion bei Patienten mit Zwölffingerdarmgeschwüren kommt es nachts zu Schmerzen, die

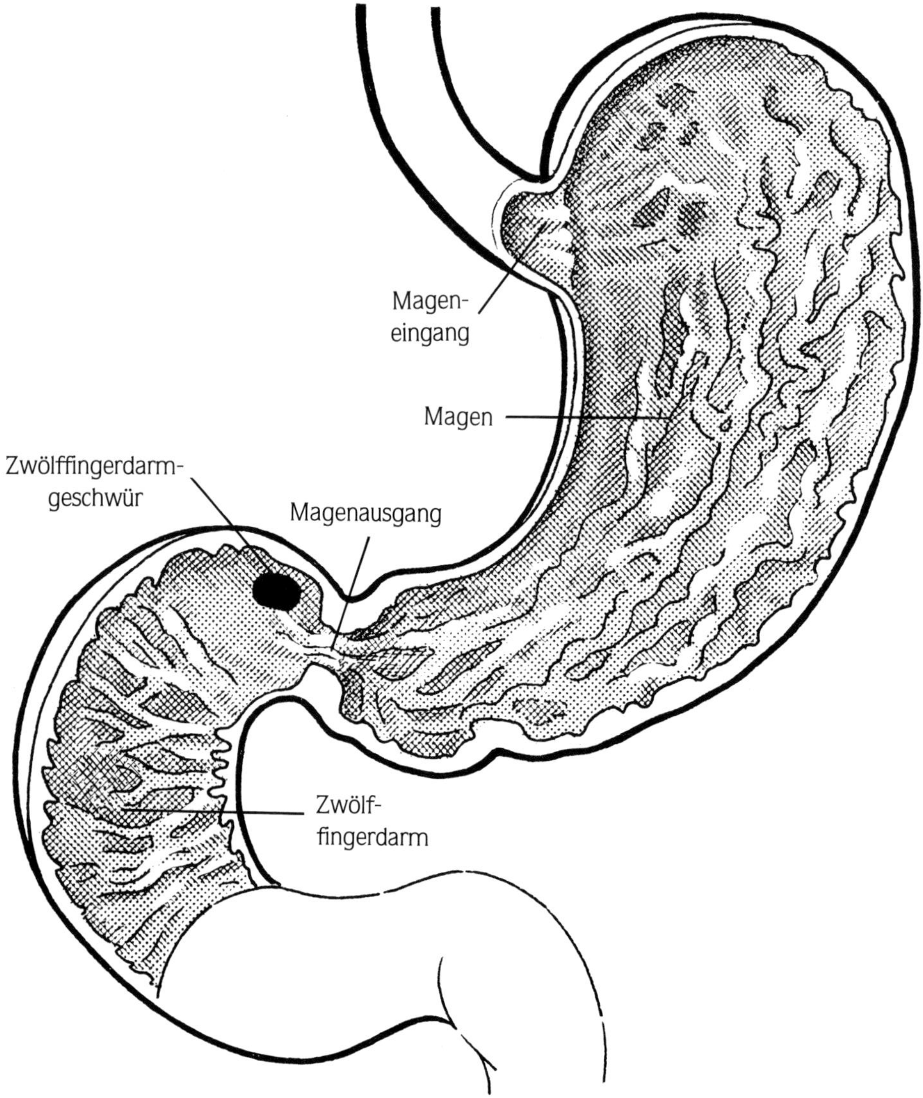
Magen-
eingang
Magen
Zwölffingerdarm-
geschwür
Magenausgang
Zwölf-
fingerdarm

ebenfalls durch Nahrungszufuhr, zum Beispiel Zwieback oder Knäckebrot, gebessert werden können. Eine Ulcuskrise kann zwischen 1 und 5 Wochen andauern.

Bei zahlreichen Patienten mit chronischen Geschwüren im Magen und Zwölffingerdarm fehlt die typische Ulcussymptomatik, teilweise bestehen nur uncharakteristische Oberbauchbeschwerden.

Der Übergang eines nahrungsabhängigen Schmerzes in einen Dauerschmerz, Übelkeit und Erbrechen von Nahrungsresten und Blut sowie der Abgang von schwarzen Teerstühlen sprechen für die im folgenden genannten **Geschwürkomplikationen:**

1. Die Blutung, die sich als kaffeesatzartiges Erbrechen und als übelriechender, schwarzer, sogenannter Teerstuhl äußert. Hier muß sofort ein Arzt hinzugezogen beziehungsweise die Krankenhauseinweisung vorgenommen werden.
2. Der Geschwürdurchbruch, welcher zum Austritt von Mageninhalt in die freie Bauchhöhle und die Nachbarorgane führt. Er stellt einen lebensbedrohenden Zustand dar, der sofort operativ beseitigt werden muß. Der Geschwürdurchbruch kündigt sich durch heftigste, bohrende, anhaltende Schmerzen und Erbrechen an.
3. Behinderung der Magenentleerung (Magenausgangsstenose), die durch entzündliche oder narbige Veränderungen entsteht. Erbrechen von Mageninhalt meist mehrere Stunden nach dem Essen ist hierfür charakteristisch.

Die Geschwüre heilen in der Regel unter einer Behandlung mit salzsäurebindenden Medikamenten, sogenannten Antazida, salzsäurehemmenden Substanzen (Histamin$_2$-Rezeptorblocker) sowie die Magenschleimhaut schützenden Substanzen (Sucralfat) ab. Die Antazida sollen etwa 90 Minuten nach der Nahrungsaufnahme in der Phase der Nachsekretion verabreicht werden, um die entstehende Salzsäure abzupuffern. Die salzsäurehemmenden Substanzen werden vor dem Abendessen verabreicht, um die nächtliche Nüchternsekretion zu unterdrücken. Selbstverständlich können alle exogenen Noxen in Nahrung, Getränken und Medikamenten (siehe auch Seite 9) chronische Ulcera verstärken, beziehungsweise die Geschwürheilung verzögern. Es ist fernerhin erwiesen, daß die Geschwürheilung durch Zigarettengenuß verzögert wird.

Magenkrebs

Der Magenkrebs, mit Recht eine gefürchtete Erkrankung, kann, wenn er rechtzeitig erkannt wird, in über 95% der Fälle geheilt werden. Die Ursache für seine Entstehung ist ungeklärt. Er ist jedoch überwiegend bei Männern zu finden, und seine Häufigkeit steigt sprunghaft nach dem 30. Lebensjahr an. Die Beschwerden sind im Frühstadium uncharakteristisch; geringfügige brennende sowie drückende Schmerzen sind oft die einzigen Symptome. Im weiteren Verlauf treten Schmerzen, Blutungen und eine Behinderung der Magenentleerung in den Vordergrund.

Die Diagnose kann mit Hilfe der Magenspiegelung mit großer Sicherheit auch im Frühstadium gestellt werden. Besonders gefährdet sind Patienten mit einer einschlägigen Krebserkrankung in der Familie sowie Patienten mit einer sogenannten Biermerschen Anämie. Sie sollten die Vorsorgeuntersuchungen in Anspruch nehmen. Auch gutartige Geschwülste des Magens müssen wegen der Gefahr der Krebsentartung entfernt werden, wenn möglich durch örtliche Abtragung während einer Magenspiegelung.

Zustand nach Magenoperationen

Magenoperationen dienen zur Entfernung von Geschwüren und Geschwülsten im Magen und Zwölffingerdarm. Ein wichtiges Ziel der operativen Geschwürbehandlung ist es, die Salzsäuresekretion des Magens auszuschalten, um eine Wiederkehr des Ulcus zu verhindern. Dabei wird in einigen Fällen eine Durchtrennung der oberen Magennerven (selektive proximale Vagotomie), in anderen Fällen eine Entfernung der unteren Magenabschnitte vorgenommen. Beim letzteren Verfahren wird meist eine Verbindung zwischen der 1. Dünndarmschlinge und dem oberen Magenrest geschaffen (Billroth-II-Operation). In seltenen Fällen muß der gesamte Magen, zum Beispiel bei einer Krebserkrankung, entfernt werden. Bei diesen beiden letzten Operationen ist die schubweise Entleerung des Mageninhaltes aufgehoben, und die Speisen gelangen rasch in den Darm, ohne daß eine ausreichende Durchmischung mit den Verdauungssäften stattfinden kann. Dennoch verträgt die überwiegende Anzahl der Patienten (85–90%) die Entfernung des Magens sehr gut, hat keine Beschwerden und kann alle Speisen und Getränke zu sich nehmen. In anderen Fällen kommt es wegen der schnellen, überstürzten Magenentleerung zu Druckgefühl, einer schnellen Darmpassage mit Durchfällen sowie zu einer gestörten Verdauung mit Gewichtsverlust und der Entwicklung von Mangelkrankheiten, zum Beispiel einer Anämie. Diese Komplikationen müssen durch ärztliche Maßnahmen gebessert und geheilt werden.

Diät bei Magenbeschwerden

Die Magendiät soll zwei Forderungen genügen:

1) Speisen und Genußmittel, die die Magenschleimhaut schädigen oder die der Patient schlecht verträgt, sollen gemieden werden.
2) Speisen und Genußmittel, die die Heilung des Magens günstig beeinflussen, zumindest nicht behindern, und die vom Patienten gut vertragen werden, sollten bevorzugt werden.

zu 1)

Alkohol

Zu den Speisen und Genußmitteln, die den Magen möglicherweise schädigen oder die schlecht vertragen werden, gehören in erster Linie alkoholische Getränke, insbesondere solche mit höherem Alkoholgehalt, zum Beispiel Spirituosen (etwa 40 Vol.-%), Wein (10 Vol.-%) und Bier (4–5 Vol.-%). Der Genuß von Alkohol zusammen mit Schmerzmitteln, zum Beispiel Rheumamitteln, acetylsalicylhaltigen Medikamenten und Kortison, ist für die Magenschleimhaut in hohem Maße schädigend. Auch Alkohol außerhalb der Mahlzeiten oder nur mit geringen Nahrungsmengen (sogenannter Fernsehcocktail) getrunken, ist nicht erlaubt, da dadurch einerseits die Absonderung des sauren Magensaftes angeregt, andererseits der Magen schnell entleert wird und so die Salzsäure unvermindert einwirken kann.

Unverträgliche Speisen

Zu den Speisen und Genußmitteln, die bei Patienten mit akuter Gastritis oder Magengeschwüren oft Beschwerden verursachen, gehören Kaffee, Nikotin, stark gesalzene und gesüßte Speisen, Zitrusfrüchte beziehungsweise Zitrussäfte, Gewürze, Speisen, die Säuren und ätherische Öle enthalten, wie rohe Zwiebeln, sowie stark zellulosehaltige Nahrungsmittel, wie Kohl und Hülsenfrüchte. Zu heiße und zu kalte Speisen verursachen oder verstärken vorhandene Beschwerden. Besonders schlecht vertragen werden auch fritierte oder fettreich zubereitete Speisen, fette Kuchen sowie Mayonnaise. Vermeiden Sie auch Nahrungsmittel und Gerichte, die die Magensäureproduktion anregen, rasch aus dem Magen entleert werden und somit die Salzsäure unvermindert einwirken lassen, dazu gehören auch klare Suppen und Kaffee.

zu 2)

Einteilung der Mahlzeiten

Hier lautet die Empfehlung, kleinere Mahlzeiten, die über den Tag verteilt eingenommen werden, sind wenigen großen vorzuziehen. Günstig ist zum Beispiel: Frühstück, 2. Frühstück, Mittagessen, Zwischenmahlzeit am Nachmittag, Abendessen. Die häufige Zufuhr von Nahrung führt zur Neutralisation der Salzsäure im Magen, die, wie bereits ausgeführt, eine entscheidende Bedeutung für die

Entwicklung von Magen- und Zwölffingerdarmgeschwüren hat. Mit zunehmender Entleerung des Magens wird das Milieu des Magens immer saurer.
Die Menge der gebildeten Salzsäure wird durch Umfang und Zusammensetzung der Mahlzeit bestimmt. Mahlzeiten kurz vor dem Schlafengehen (1–2 Stunden vorher) sind ungünstig, da die starke Säuerung des Magens nach der Speisenentleerung beim liegenden Patienten zum Rückfluß der Salzsäure in die Speiseröhre führt und hier Entzündungen begünstigen kann.

Gute Verträglichkeit von Speisen
Neben medizinischen Faktoren spielen auch psychische und soziokulturelle Einflüsse bei der Verträglichkeit von Speisen eine Rolle, so daß allgemeinverbindliche Empfehlungen nur bedingt gegeben werden können. Zu den Speisen, die Magenschmerzen lindern, gehören: Zwieback, Haferschleim, Milchbrei, Kompott, trokkenes Brot, Öl, Butter, Marmelade in geringen Mengen, mehrmals am Tag verzehrt. Daneben ist die Mehrzahl der angebotenen Speisen und Getränke, wenn sie frisch zubereitet sind, gut verträglich. Die nachteilige Wirkung von Speisen und Getränken mit primär schlechter Verträglichkeit kann dadurch gemindert werden, daß sie in geringem Umfang während einer Mahlzeit eingenommen werden. So werden sie verdünnt und ihre Wirkungsintensität abgeschwächt. Dies gilt auch für alkoholische Getränke und Kaffee. Milde Suppen oder Wasser mindern ebenfalls die Wirkung irritierender Speisen und Getränke.
Entscheidend für die diätetische Behandlung ist der Schweregrad der klinischen Beschwerden, beziehungsweise der Magenerkrankung. In diesem Zusammenhang hat sich folgendes diätetisches Stufenschema bewährt.

Diätetisches Stufenschema
Das diätetische Stufenschema teilt die Ernährung bei Krankheiten des Magens und des Zwölffingerdarmes in 4 Stufen ein. In den Diätplänen sowie im Rezeptteil und im Rezeptverzeichnis sind die für die jeweilige Ernährungsstufe geeigneten Gerichte mit ②, ③ oder ④ gekennzeichnet.

Stufe 1 – bei akuten Magenbeschwerden, bei akuter Gastritis und akuten Magengeschwüren
Die Kost besteht aus Tee mit Zwieback, Knäckebrot, Schleim- und Reissuppen, die in kleineren Portionen alle 2–3 Stunden verabreicht werden. Da diese Diätstufe jedoch sehr kalorienarm ist, sollte sie nicht länger als 1–3 Tage gegeben werden. Sie führt in der Regel rasch zu einer Besserung der Beschwerden.

Stufe 2 – bei abklingenden schweren oder mittelschweren Beschwerden
Die Nahrung ist eiweißarm, kohlenhydratreich (leicht verdauliche Kohlenhydrate sollen bevorzugt werden), zellulosearm, das heißt ausschließliche Verwendung feinster Gemüse, fettarme Zubereitung, besonders bei gebratenen und gebackenen Speisen (maximal 10 g Butter zum Frühstück und zum Abendessen). Die Speisen sollen mild gesalzen oder gesüßt sein. Als Getränk ist Mineralwasser ohne Kohlensäure, Tee und Milch gestattet. **Sowohl bei Diätstufe 1 als auch bei Stufe 2 besteht ein striktes Verbot von Alkohol, Nikotin und Kaffee.**

Stufe 3 (Schonkost) – bei Geschwürbehandlung mit weitgehender Schmerzfreiheit
Die Kost erlaubt tierisches leicht verdauliches Eiweiß, Fett in mäßigen Mengen, das heißt gekochte und gegrillte Speisen, Kohlenhydrate und zellulosearme Gemüse. Gewürze sind erlaubt. Kaffee und Alkohol sind im weiteren Verlauf, beziehungsweise nach einer Mahlzeit in geringen Mengen gestattet.

Stufe 4 (leichte Kost) – bei Patienten mit Neigung zu Magenbeschwerden
Diese Kost sollte entsprechend der individuellen Verträglichkeit erweitert, beziehungsweise gestaltet werden. Schlecht vertragen werden im allgemeinen Röstprodukte, geräucherte und gepökelte Speisen, Kohl, Hülsenfrüchte oder frisches Hefegebäck.
Die Diät des Magenkranken soll insgesamt seinen Beschwerden angepaßt sein. Eine akute schwere Erkrankung erfordert kurzfristig eine strenge Handhabung der Diät. Jedoch sollte eine nach Verträglichkeit und Geschmack ausgerichtete Ernährung sowie eine streßfreie, ausgewogene Lebensführung das Ziel bei Personen mit geringen Beschwerden oder einem empfindlichen Magen sein.

Diätpläne und Empfehlungen

Diätplan für die Stufe 1

1. Frühstück	Tee, Zwieback
Vormittag und Mittagessen	jeweils 1 Tasse Schleimsuppe mit Toast- oder Knäckebrot, dünn mit Butter bestrichen
Nachmittag	Tee, Zwieback
Abendessen	Hafer- oder Reisschleimsuppe, Grießbrei, gedünsteter Reis **oder** wenig gesüßter Pudding
nachts	Tee, Zwieback

Geben Sie dem Kranken je nach Befinden und ärztlicher Anordnung 1–3 Tage lang: **mehrmals täglich Tee, Schleimsuppe und Zwieback.**

Tee:	dünner schwarzer Tee ohne Zucker, evtl. mit Milch Kräutertee, verschiedene Sorten im Wechsel, eventuell mit etwas Kümmel oder Fenchel (Kamille, Pfefferminz, Salbei)
Schleimsuppe:	passierte Hafer- oder Reisschleimsuppe, leicht gesalzen oder mit Suppenwürze oder milder Brühe zubereitet
Zwieback:	einfacher Zwieback, später Vollkornzwieback oder Weizenknäckebrot **oder** Weißbrot und Brötchen, dünn mit Butter bestrichen

Diätplan für den Übergang zur Diätstufe 2

1. Frühstück	leichter, schwarzer Tee oder Kräutertee 1 Scheibe Toastbrot, 30 g oder 1 Brötchen 1 TL Butter (5 g) 1 TL Apfelgelee (10 g)
2. Frühstück	1 Becher Magermilchjoghurt 1 Scheibe Knäckebrot (10 g)
Mittagessen	Milde Brühe mit Einlage, Rezept Seite 26 150 g gedünstete Möhren Kartoffelschnee, Rezept Seite 31 Kompott ohne Zucker
Nachmittag	leichter schwarzer Tee mit Milch 1–2 Stück Zwieback oder Vollkornzwieback
Abendessen	1 Scheibe Toastbrot (30 g), hell getoastet 1 TL Butter (5 g) ½ Ecke Doppelrahmfrischkäse (30 g) Apfelmus
	E 25 g F 20 g KH 150 g kcal 910 kJ 3800

Diätplan für die Stufe 2

1. Frühstück	Milch oder leichter schwarzer Tee mit Milch oder Kräutertee, verschiedene Sorten abwechselnd (Kamille, Pfefferminz, Fenchel, Kümmel) Toastbrot, Weizenknäckebrot oder Brötchen 2 TL Butter, eventuell Honig oder Gelee
2. Frühstück	1 kleine Banane oder 1 reife Birne **oder** Magermilchjoghurt
Mittagessen	Suppe aus den Rezepten für Diätstufe 2, Seite 26 ff. kleine Portion Fisch oder Fleisch Kartoffelbrei, Reis oder Nudeln feines, gedämpftes Gemüse Kompott ohne Zucker
Nachmittag	Tee (siehe 1. Frühstück) Zwieback, Brötchen, Brot mit Butter oder Frischkäse
Abendessen	(siehe Mittagessen) **oder** Suppe, frisch zubereitete Kartoffeln, gedämpftes Gemüse **oder** 1 kleine Portion Speisequark, Hüttenkäse oder Frischkäse Lachsschinken oder milder Schinken Brot und Butter (siehe 1. Frühstück)

Essen Sie, besonders an den ersten Tagen der Diätstufe 2, kleine Portionen, nach Vorliebe und Appetit.
Beim Mittagessen kann die Suppe oder das Dessert weggelassen werden, wenn kleine Portionen ausreichend sind.
An den Tagen der Diätstufe 2 eventuell nur Gemüse und Beilagen essen und erst später Fleisch- und Fischgerichte anbieten.

Warmes Abendessen ist besonders bei Stufe 2 zu empfehlen.

Diätplan für die Stufe 3

1. Frühstück	Milch oder leichter schwarzer Tee oder Kaffee, mit frischer Milch Brötchen, Grahambrot, Graubrot oder Knäckebrot Butter oder Margarine Quark oder weiches Ei oder milder Schinken Honig oder Konfitüre
2. Frühstück	Joghurt oder Obst, eventuell mit Brot
Mittagessen	alle mit ③ gekennzeichneten Rezepte: Suppe (S. 36 – 39) oder Rohkost (S. 74 – 77) Fleisch (S. 42 – 51), Geflügel, Wild und Fisch (S. 52 – 59) oder Eintopf (S. 60 – 65) Gemüse (S. 69 – 73) oder Salat (S. 74 – 77) oder Kompott ohne Zucker
Nachmittag	Getränke nach Wahl Brot, Brötchen oder Gebäck aus den Rezepten ab S. 82
Abendessen	ab S. 26 warme Gerichte aus den Rezepten der Diätstufe 2, Reis, Nudeln oder Pellkartoffeln **oder** Brot (siehe 1. Frühstück) Butter oder Margarine mild gewürzte Frischwurst, Frischkäse, Quark enthäutete Tomaten Getränk nach Wahl

Nehmen Sie 5 Mahlzeiten ein.
Sie können **alle Vorschläge der Diätstufe 2 weiter einhalten, besonders in den ersten Tagen und zu den Abendmahlzeiten.**
Trinken Sie, was Ihnen gut bekommt und was Sie bisher gewohnt sind. Schwarzer Tee und Kaffee sollten leicht sein, am besten mit frischer Milch verdünnt werden. Bevorzugen Sie bei Mineralwasser jenes ohne Kohlensäure.

Diätplan für die Stufe 4

1. Frühstück	Getränk nach Wahl Graubrot, Brötchen, Graham- oder leichtes Vollkornbrot Butter oder Margarine Quark, Ei, Wurst oder Schinken Honig oder Konfitüre
2. Frühstück	Joghurt **oder** Obst **oder** Brot mit Belag nach Wahl
Mittagessen	alle mit ④ gekennzeichneten Rezepte: Suppe (S. 36 – 39) oder Rohkost (S. 74 – 77) Fleisch (S. 42 – 51), Geflügel, Wild und Fisch (S. 52 – 59), Eintopf oder Hauptgericht ohne Fleisch (S. 60 – 65) mit Beilagen nach Wahl Dessert aus den Rezepten ab S. 78 **oder** Obst danach eventuell 1 Tasse Kaffee
Nachmittag	Getränk nach Wahl Brot mit Belag nach Wahl **oder** Gebäck aus den Rezepten ab S. 82
Abendessen	warme Gerichte der Diätstufen 3 und 2 mit Reis, Nudeln oder Pellkartoffeln **oder** Brot nach Wahl (kein grobes Vollkornbrot) mit Belag nach Wahl Tomaten, Gurken, Radieschen

Nehmen Sie auf alle Fälle 5 Mahlzeiten zu sich.
Sie können **alle Vorschläge der anderen Diätstufen weiter einhalten, besonders zu den Abendmahlzeiten.**
Trinken Sie, was Sie gewohnt sind, Kaffee und Wein nach Rücksprache mit Ihrem Arzt. Meiden Sie alles, was Ihnen nicht gut bekommt, oder was Sie nicht gerne essen. Essen Sie langsam und niemals zu große Portionen.

Die Kost nach einer Magenoperation

Wenn der Magenoperierte aus dem Krankenhaus entlassen wird, müssen alle Vorschriften des Arztes eingehalten werden. Die Kost wird allmählich dem Verlauf der Krankheit angepaßt.

Die Rezepte der Diätstufen 2 und 3 sind besonders geeignet. Beachten Sie außerdem:

- Nehmen Sie 5–6 kleine Mahlzeiten zu sich.
- Trotz kleiner Portionen soll die Nahrungszufuhr reichlich sein. Als zusätzliche Kalorienträger sind leicht verdauliche Fette (Butter, hochwertige Pflanzenöle und Sahne) gestattet.
- Dosieren Sie die Flüssigkeitszufuhr (Suppen, Getränke) nach ärztlicher Anweisung.
- Mit Zucker gesüßtes Dessert, Kompott und Gebäck sind ungeeignet. Sie können dem Patienten Schmerzen und Kreislaufbeschwerden bereiten.
- Bei Kauproblemen müssen Sie die Gerichte passieren.
- Alle Speisen sollen gut schmecken, sorgfältig zubereitet und immer appetitlich angerichtet werden.

Allgemeine Richtlinien bei der Magendiät

- Essen Sie langsam, und kauen Sie gut.
- Servieren Sie Speisen wohltemperiert, nicht zu heiß und nicht zu kalt.
- Essen Sie häufig kleine Mahlzeiten.
- Servieren Sie die Speisen sofort nach der Zubereitung. Langes Warmhalten zerstört viele Vitamine und ist nicht empfehlenswert.
- Bei akuten Magenbeschwerden sind verboten:
  Alkohol (Bier, Wein, Spirituosen), Kaffee, Nikotin, süße und fette Speisen (fritiert, gebraten oder scharf gebakken), Kohl und Hülsenfrüchte (zum Beispiel Linsen), Obstsäfte, scharfe Gewürze
- Verzichten Sie auf kleine Spätmahlzeiten (Fernsehknabberei)
- Genußmittel (Alkohol, Kaffee) dürfen nur während oder unmittelbar nach den Mahlzeiten eingenommen werden, auf keinen Fall außerhalb der Mahlzeiten!
- Medikamente während der Mahlzeiten nehmen!
- Essen Sie in Ruhe und in angenehmer Umgebung.

Empfehlungen für alle, die häufig auswärts essen

In der Diätetik hat sich in den letzten Jahren sehr viel verändert. Was früher meist verboten war, wird heute sogar vielfach empfohlen.
Dennoch gibt es Speisen und Gerichte, die ungeeignet sind. Hier eine Liste, was Sie beim Essen in Restaurants, Kantinen oder bei Einladungen lieber meiden sollten:
Suppen: Alle fetten, scharfen Suppen, besonders mit gebratenen Suppeneinlagen, wie Backerbsen und ähnlichem.
Soßen: Feurig-pikante Soßen, besonders aus Fertigprodukten, fetthaltige, dicke Bratensoßen, Mayonnaisen.
Fleischgerichte: Panierte, fettgebackene und fritierte Fleischstücke, scharfes Gulasch, fette Hammelgerichte.
Wild- und Geflügelgerichte: Gänse- und Entenbraten mit knuspriger Haut, Wiener Backhendl, fritiertes Geflügel.
Fischgerichte: Paniertes Fischfilet, gebratene Fische mit Haut, Ölsardinen, Bratheringe, Räucherfische, Rollmöpse, saure und Salzheringe.
Hauptgerichte, Eintopfgerichte: Fettes Pichelsteiner mit vielen Kohlsorten, Eintöpfe aus Hülsenfrüchten, wie Linsen mit Speck oder regionale, deftige und fette Bauernspezialitäten.
Vegetarische Hauptgerichte: Fette Aufläufe, süße Mehl- und Eierspeisen.
Beilagen: Pommes frites, Chips, fetter Kartoffelsalat, manchmal auch Knödel oder Klöße
Gemüse: In Fett gebratene Gemüse und Hülsenfrüchte, wie Linsen, Erbsen, dicke Bohnen, sowie alle stark zellulosehaltigen Sorten, wie Kohl und Kraut, die meist mit viel Fett zubereitet werden.
Süßspeisen/Dessert: Alle konfektähnlichen Süßwaren und Desserts.
Backwerk: Fettgebackenes, frisches Hefegebäck, Torten und Nußspezialitäten.
Rohkost/Salate: Gurken- und Paprikasalat, fette Krautsalate, grob geschnittene, sehr saure Rohkost.
Kalte Speisen – kleine Gerichte: Speisen mit fetter Mayonnaise und vielen hartgekochten Eiern, fette, kalte Braten, scharfe luftgetrocknete Wurstsorten.
Getränke und Zwischenmahlzeiten: Harte Schnäpse, kalte Biere, Weine, geröstete Nüsse, süßes Konfekt und starker Kaffee.

Heute kocht man anders

Neben den bekannten Kochgeräten, wie Topf und Pfanne, werden in der heutigen Zeit vermehrt Geräte angeboten, die das Ausprobieren wert sind.

- Schmackhaft und schonend können Sie in **Alufolie, Bratbeuteln** und **Gefrierkochbeuteln** garen.
- **Römertopf** und **Teflonpfanne** ermöglichen es Ihnen, fettfrei oder fettarm zu braten.
- **Grillen** ist dem Braten in Fett vorzuziehen. Neben den kleinen Grillgeräten für die Küche gibt es Tischgrills, die es leichtmachen, auch mit Freunden fettarme, schmackhafte Gerichte zu genießen.
- Wenn Sie den **Dampfdrucktopf** benützen, sparen Sie nicht nur Zeit, sondern schonen auch die Vitamine.
- Haben Sie Gäste, dann eignet sich der **Fonduetopf** (aber nur Brühefondue) oder ein **Wok** (Rezeptvorschläge Seite 50), um Neues auszuprobieren.
- Zum Garen im Dampf gibt es neben speziellen **Dampftöpfen** oder Töpfen mit **Siebeinsätzen** auch verstellbare Siebeinsätze. Bei Edelstahltöpfen mit gut schließenden Deckeln ist wenig Flüssigkeit oft ausreichend. Der aufsteigende Dampf schlägt sich am Deckel nieder, tropft ab und vermischt sich wieder mit dem Kochgut, was letzten Endes den Geschmack erheblich verbessert.
- Denken Sie auch an **Altbewährtes:** Langsames Kochen oder Dünsten (mit wenig Flüssigkeit, bei schwacher Hitze) erhöht oft die Bekömmlichkeit der Speisen und verbessert den Geschmack.
- **Reste** sollten Sie möglichst meiden. Wenn Sie trotzdem einmal etwas übrig haben, dann bewahren Sie es peinlich sauber, abgedeckt und kühl auf. Bei der weiteren Zubereitung müssen Sie ohne jegliche Verunreinigung (Küchengeräte) arbeiten und die Speise gründlich erwärmen.
- **Vorsicht bei Tiefgefrorenem!** Gefriergut ist bei unzureichender Handhabung bakteriell in weitaus größerem Maße belastet als normal zubereitete Frischkost, vor allem ist dies nicht mit bloßem Auge sichtbar. Gefrorene Speisen verderben vor allem leicht durch fehlerhafte Gefriergeräte, unterbrochene Kühlketten, nicht einwandfreie Lebensmittel und beschädigte Gefrierverpackungen.

Richtig würzen und süßen

- Würzen Sie mild, und beachten Sie dabei die Geschmacksvorlieben des Patienten.
- Gehen Sie mit Salz sehr sparsam um. **Vorsicht bei fertigen Würzmischungen,** da diese in nicht unerheblichem Maße Salz enthalten.
- Scharfe Gewürze, wie **Paprika, Pfeffer** oder **Curry,** sollten Sie immer **nur in geringen Mengen** verwenden, auf Cayennepfeffer, Chilipulver oder Sambalœlek sollten Sie verzichten.
- Besser ist es, die Gewürze durch Kräuter zu ersetzen.
- Frische Kräuter, wie **Dill** und **Petersilie,** können Sie reichlich zugeben. Diese müssen nicht immer fein gehackt werden – zarte Blättchen, frisch gezupft, sehen sehr dekorativ auf Suppen und Salaten aus. Geben Sie alle Würzkräuter, wie zum Beispiel Schnittlauch, in kleineren Mengen immer erst zuletzt an die Speisen.
- Getrocknete Kräuter, wie **Thymian, Majoran, Oregano, Estragon, Salbei** oder **Basilikum,** können Sie bei Suppen, Fleisch, Fisch oder Gemüse von Anfang an mitkochen.
- Durch das Mitkochen von **Lorbeerblatt, Gewürzkörnern, Suppengrün,** einem Stückchen **unbehandelte Zitronenschale** oder einer **Zitronenscheibe** (besonders bei Fisch und Geflügel) bekommen Speisen ein gutes Aroma. Die „Geschmackshelfer" werden nach dem Kochen herausgenommen.
- Verfeinern Sie die Gerichte nach dem Kochen mit Eigelb, Sahne, Zitronensaft oder ein paar Tropfen Wein.
- Nehmen Sie in der Magendiät Zucker nur in kleinen Mengen.
- Neben Zucker gibt es auch andere Süßungsmittel, wie zum Beispiel Apfeldicksaft, Malzsirup, Honig oder passierte, süße Früchte. Doch auch diese alternativen Süßungsmittel sollten Sie nur sparsam verwenden.
- Reicht die Süßkraft der Lebensmittel nicht, können Sie mit etwas Süßstoff nachhelfen.
- Diabetikerzucker darf in der Magendiät **nicht** anstelle des Zucker eingesetzt werden.

Jetzt wird gekocht

Was Sie vorher wissen sollten:

- Die Mengen gelten für 1 Person, falls nichts anderes angegeben ist. Dies gilt nicht für Backwaren.
- Die Nährwertangaben beziehen sich immer **auf 1 Portion, beziehungsweise 1 Stück.** Ist Ihnen die Menge trotzdem zu reichlich, dann teilen Sie das Gericht in mehrere Portionen.
- Die in den Rezepten angegebenen Mengen beziehen sich auf den **kochfertigen Anteil,** zum Beispiel Obst und Gemüse ohne Schale und Kerne, Fleisch ohne Knochen und befreit von Häuten, Sehnen und sichtbarem Fett.
- Verwenden Sie Fleisch, Wurst, Obst, Gemüse und Milchprodukte immer frisch.

Praktische Mengenangaben:

1 Tasse Flüssigkeit = 125 ml (ccm) = 1/8 l

1 kleiner Apfel = 100 g

1 mittelgroße Orange, geschält = 130 g

1 Kartoffel, hühnereigroß = 60 g

1 EL Öl = 10 g

1 EL Mehl, Grieß, Zucker gehäuft, gefüllt in Großmutters Besteck = 30 g

1 EL Mehl, Grieß, Zucker gehäuft, gefüllt in modernes Eßbesteck = 20 g

1 TL Öl oder
1 TL Mehl, Grieß oder Zucker gehäuft = 5 g

1/2 Hotelpäckchen Butter = 10 g

Abkürzungen:

EL	= Eßlöffel	**g**	= Gramm
TL	= Teelöffel	**E**	= Eiweiß
Pr.	= Prise	**F**	= Fett
Msp.	= Messerspitze	**KH**	= Kohlenhydrate
St	= Stück	**kcal**	= Kilokalorien
l	= Liter	**kJ**	= Kilojoule

① = Rezepte für die **Diätstufe 1,** akute Phase

② = Rezepte für die **Diätstufe 2,** passierte, fett- und eiweißarme Kost

③ = Rezepte für die **Diätstufe 3,** Schonkost

④ = Rezepte für die **Diätstufe 4,** leichte Kost als Dauerkost

Rezepte für Diätstufe 2 (fett- und eiweißarme Kost)

Milde Brühe mit Einlage

E 2 g	F 0,2 g	KH 15 g
kcal 70	kJ 300	

1/4 l milde Brühe
20 g Nudeln
1 Pr. Salz
1 Pr. Suppenwürze

In die kochende Brühe die Nudeln oder eine andere Suppeneinlage (siehe Variation) einstreuen und in 10–15 Minuten weich kochen. Wenn die Flüssigkeit zu stark eingekocht ist, etwas Brühe nachgießen.
Die Suppe mild würzen.

Variation

Statt der Nudeln können Sie die gleiche Menge Reis, Grieß, Haferflocken oder Sago in die Suppe geben.

Leicht geröstete Suppe

E 3,5 g	F 1 g	KH 25 g
kcal 125	kJ 525	

30 g Grieß, Mehl oder Haferflocken
1/4 l milde Brühe
1 Pr. Salz
1–2 EL Milch

Den Grieß, das Mehl oder die Haferflocken in einer Pfanne oder einem Topf ohne Fettzugabe hellbraun rösten. Die Brühe aufgießen und das Ganze 15–20 Minuten köcheln lassen. Mild würzen, zuletzt die Milch zugeben.

Variation

Sie können in der Suppe feingeschnittenes Suppengemüse oder tiefgefrorenes Suppengrün mitkochen.

Karottencremesuppe

E 1 g	F 1,5 g	KH 8 g
kcal 50	kJ 210	

1/2 Glas Karotten, 100 g
(Babynahrung)
1/8 l milde Brühe
1 Pr. Salz oder Suppenwürze

Das Karottenpüree mit der Brühe aufkochen und würzen. Eventuell mit 1 TL Haferschmelzflocken binden.

Variation

Sie können die Suppe auch mit anderen Gemüsepürees (Babynahrung) oder mit frisch gekochtem, selbst püriertem Gemüse zubereiten. Karotten sind allerdings am bekömmlichsten.

Kraftbrühe, selbst zubereitet

(fast kalorienfrei)

1 Kalbsfuß, in Stücke gehauen
2–3 Rinderfleischknochen
1–2 Rindermarkknochen oder Hühnerknochen
1 Zwiebel, mit der Schale in Scheiben geschnitten
1 Bund Suppengrün, in Stücken
3–4 Pimentkörner
1 Lorbeerblatt
1 TL Pfefferkörner, 1 TL Salz
evtl. 1 TL Suppenwürze

Die gewaschenen Knochen mit der Zwiebel, dem Suppengrün, den Gewürzen und Salz in einen Topf geben. Mit Wasser bedecken und 2–3 Stunden langsam köcheln lassen (im Dampfdrucktopf 30–45 Minuten). Danach die Flüssigkeit durch ein feines Sieb, das eventuell vorher mit einem Tuch ausgelegt wird, gießen. Die Brühe nachwürzen und für andere Rezepte verwenden.

Klare Fischsuppe

(fast kalorienfrei)

250 g Fischabfälle von frischen Fischen (Gräten, Kopf, Schwanz, dazu eventuell 1–2 kleine Schalentiere)
1 Zwiebel, in Scheiben
1 Bund Suppengrün, in Stücken
1 TL Thymian, Bohnenkraut oder Rosmarin
1 Lorbeerblatt
1 Pr. Suppenwürze
1 TL Zitronensaft
1 TL Tomatenmark

Die Fischabfälle mit der Zwiebel, dem Suppengrün und den Gewürzen in einen Topf geben, mit Wasser bedecken und etwa 30 Minuten kräftig kochen lassen. Dann die Brühe durch ein feines Sieb gießen. Mit Suppenwürze, Zitronensaft und Tomatenmark mild abschmecken.

Tip

Eine klare Fischsuppe wird in vielen Ländern, besonders im Mittelmeerraum, bei Übelkeit oder Magenbeschwerden gegessen.
Sie können die Suppe eventuell mit etwas Stärke oder Sahne binden oder mit gekochtem Reis servieren.

Soßen

Hierfür wird eine milde Brühe mit Mehl oder Haferschmelzflocken gebunden und kräftig durchgekocht. Zum Würzen gehackte Kräuter, am besten Dill oder Petersilie, eventuell etwas Tomatenmark, Senf oder saure Sahne nehmen.

Forelle blau

E 19 g	F 2 g	KH 0 g
kcal 97	kJ 405	

1 kleine, küchenfertige Forelle, etwa 150 g
1 TL Salz
2–3 Scheiben einer unbehandelten Zitrone
1 Lorbeerblatt
2 Gewürzkörner
1 EL Essig
eventuell 1 kleine Zwiebel, in Scheiben

Die Forelle gründlich waschen, dabei die eventuell vorhandenen Blutgerinnsel am Gerippe mit einem Teelöffel herauskratzen. Etwa 1 l Wasser mit den übrigen Zutaten aufkochen lassen. Die Forelle hineinlegen und etwa 15 Minuten im Sud ziehen lassen, nicht kochen.

Variation

Für 100–125 g Fischfilet bereiten Sie den angegebenen Sud mit etwa 1/4 l Wasser zu. Lassen Sie das Fischfilet je nach Dicke 5–10 Minuten darin ziehen.

Feines Ragout

E 27 g	F 5 g	KH 7 g
kcal 185	kJ 770	

100 g gekochtes Kalb- oder Geflügelfleisch, gehäutet und in kleinen Würfeln
1/8 l milde Brühe
10 g Mehl
1 Pr. Salz
1 Msp. abgeriebene Schale von einer unbehandelten Zitrone

Das Fleisch, eventuell mit einem Wiegemesser, fein hacken. Die Brühe mit dem Mehl kräftig verrühren und 5 Minuten durchkochen lassen, dann würzen.
Das Fleisch zugeben und 5–10 Minuten in der Soße ziehen lassen, nicht mehr kochen.

Variation

Gedünstete Karotten, Spargelköpfe, Blumenkohlröschen oder etwas gekochten Sellerie können Sie mit dem Fleisch in der Soße erhitzen.

Kartoffeln, Reis und Nudeln

Kochen Sie **Salzkartoffeln** oder **Pellkartoffeln** von **mehligkochenden Sorten,** wie zum Beispiel Ilona, Bintje oder Irmgard, immer frisch zu jeder Mahlzeit. Für eine Portion benötigen Sie ungefähr 100–150 g Kartoffeln.

Für **Kartoffelschnee** pressen Sie die gekochten Kartoffeln auf einen vorgewärmten Teller, drücken Sie den Schnee nicht zusammen, sondern lassen Sie es locker darauf liegen. Bei der Zubereitung von **Kartoffelbrei** (Püree) verrühren Sie 100–150 g gekochte, gepreßte Kartoffeln mit 50–60 ml Magermilch und einer Prise Salz. In den ersten Tagen der Diät darf kein Fett zugegeben werden. Sie können das Püree auch mit Fertigflocken, Wasser und Magermilch zubereiten. Während der Diätstufe 2 dürfen Sie nicht „Püree komplett" oder „Instant-Kartoffelbrei herzhaft" nehmen.

Kochen Sie **Reis** und **Nudeln** (keine Vollkornprodukte) etwas weicher als sonst, das heißt verlängern Sie die Kochzeit um etwa 5 Minuten. Wärmen Sie gekochten, kalten Reis oder Nudeln ohne Fettzugabe in einem Sieb über Wasserdampf auf.

Gemüse

Nehmen Sie während der Diätstufe 2 nur **frisches Gemüse;** wenn Sie **tiefgekühltes Gemüse** verwenden, dann muß es ohne weitere Zusätze sein.

Sie können auch auf **Babygemüse** in Gläsern zurückgreifen.

Wählen Sie junges, zartes Gemüse nach Ihrem Geschmack aus. Beachten Sie jedoch, daß Karotten besonders bekömmlich sind. Nehmen Sie keinen harten Kohl oder Kraut, Bohnen oder gar Hülsenfrüchte.

Kochen, dünsten oder dämpfen Sie das Gemüse sehr weich, Fett dürfen Sie erst nach ärztlicher Erlaubnis zugeben, in diesen Fällen wird ein Stich Butter oder etwas Sahne nach dem Kochen zugegeben. Nach Belieben können Sie Ihr Gemüse mit Haferschmelzflocken, Stärke oder etwas Mehl binden.

Basler Karottenmus

E 7 g	F 3,5 g	KH 45 g
kcal 245	kJ 1025	

150 g Karotten, in Stücken
150 g Kartoffeln, in Stücken
1/4 l Wasser oder milde Brühe
1 Pr. Salz, 100 ml Milch

Die Karotten und die Kartoffeln in Wasser oder Brühe weichkochen, sollte Flüssigkeit übrigbleiben, das Gemüse abseihen. Dann durch ein Sieb streichen und mit heißer Milch verrühren. Wenn nötig, leicht salzen.

Desserts

Aus Obst lassen sich sehr viele, abwechslungsreiche Desserts zubereiten, die Sie während der Diätstufe 2 essen dürfen.

Apfelmus
Dies wird aus gekochten, passierten Äpfeln oder püriertem Apfelkompott hergestellt. Sie können die Äpfel mit einem Stückchen Zimtstange oder Zitronenschale kochen, diese Gewürze müssen Sie jedoch vor dem Pürieren wieder entfernen. Das Apfelmus darf nicht mit Zucker gesüßt werden.

Apfelschnee
Geben Sie ein steifgeschlagenes Eiweiß von einem kleinen Ei unter das fertige Mus, servieren Sie dieses Dessert sofort.

Apfelsahne
Rühren Sie vorsichtig 2 Eßlöffel geschlagene Sahne unter das abgekühlte Mus, und servieren Sie es sofort.

Kompott
Aus Äpfeln, Birnen, Aprikosen, Pfirsichen oder Kiwis, eventuell auch aus Kirschen, können Sie sehr gut Kompott zubereiten. Mit einer Gewürznelke, ein Stückchen Zimtstange oder etwas Zitronenschale gekocht, die jedoch wieder entfernt wird, erhalten Sie verschiedene Variationen. Nehmen Sie reichlich Wasser und lassen Sie die Früchte darin sieden, bis sie weich sind. Das Kompott darf nicht mit Zucker gesüßt werden. Im Sommer, wenn mehrere Obstsorten auf dem Markt sind, können Sie die einzelnen Sorten zusammen zubereiten oder einwecken.

Geschlagene Banane
Zerdrücken Sie eine kleine Banane mit einer Gabel und schlagen Sie sie anschließend schaumig. Nach Belieben 1 EL Quark oder 3–4 EL Milch mit 1 EL Haferschmelzflocken unterrühren. Die Zugabe von 1–2 TL Zitronensaft verhindert, daß das Dessert braun wird.

Pudding
Vanille-, Sahne- oder Schokoladenpudding wird nach Packungsanweisung zubereitet. Nehmen Sie jedoch wenig Zucker und rühren Sie das Pulver mit Wasser an. Während der Diätstufe 2 können Sie ein steifgeschlagenes Eiweiß unter den fertigen heißen Pudding ziehen. 1 Päckchen ergibt 3–4 Portionen.

Bananenmilch mit Knusperflocken

E 6 g	F 5 g	KH 41 g
kcal 240	kJ 1005	

- 1 kleine Banane, geschält (100 g)
- 100 ml Milch
- 1 TL Zitronensaft
- 20 g Knusperflocken (Haferfleks, Corn-flakes oder Reis-crispies)

Die Banane mit Milch und Zitronensaft pürieren. Die Knusperflocken darüberstreuen und sofort servieren.

Tip

Während der **Diätstufe 3** dürfen Sie noch 10 g Honig, Schokoladenpulver oder Johannisbrotpulver zugeben oder statt der Banane Joghurt bzw. Fruchtjoghurt verwenden.

Kompott in Gelee

E 1 g	F 0 g	KH 13 g
kcal 60	kJ 250	

100 g Früchte nach Wahl, geschält und entsteint, in Scheiben oder Stücken
1 TL Zitronensaft
1 Msp. geriebene Schale von einer unbehandelten Zitrone
1 Pr. Zucker oder Süßstoff nach Geschmack
1 Blatt weiße Gelatine

Die Früchte mit 1 Tasse Wasser, Zitronensaft und -schale sowie Zucker oder Süßstoff auf kleiner Hitze weichdünsten. Die Gelatine in kaltem Wasser einweichen, bis die Ränder weich sind. Dann das Blatt aus dem Wasser nehmen und in der warmen, aber nicht mehr kochenden Kompottflüssigkeit auflösen. Im Kühlschrank über Nacht fest werden lassen.

Tip

Bereiten Sie größere Mengen auf einmal zu, denn das Dessert kann im Kühlschrank mehrere Tage aufbewahrt werden. Im Sommer schmeckt ein gemischtes Kompott in Gelee aus verschiedenen Früchten besonders gut.

Porridge

E 7 g	F 7 g	KH 23 g
kcal 190	kJ 795	

30 g Haferflocken, mittelfein
1 Pr. Salz
100 ml frische Milch
oder 50 ml Milch gemischt mit
3–4 EL Sahne (50 g)

Die Haferflocken in 200 ml Wasser mit Salz unter Rühren weichkochen.
Den sämigen Brei dann in eine Schale füllen und mit Milch oder der Milch-Sahne-Mischung übergießen.

Variation

Sie können die Haferflocken auch in halb Wasser, halb Milch weichkochen oder dem Kochwasser schon etwas Sahne zugeben.
Etwas Zucker oder Honig dürfen Sie während der **Diätstufe 3** zugeben.

Zwischenmahlzeiten für unterwegs

Nehmen Sie bei Diätstufe 2 viele kleine Mahlzeiten zu sich. Zum Mitnehmen sind folgende Lebensmittel geeignet:
Zwieback, Vollkornzwieback
Knäckebrot
Haferkeks, ungesüßt
1 reife, weiche Birne oder 1 kleine Banane
Magermilchjoghurt oder auch Vollmilchjoghurt

Getränke für zu Hause und unterwegs

Die Getränke sollten wohltemperiert, also nicht zu heiß und nicht zu kalt sein. Am besten ist es, wenn die Getränke Körpertemperatur haben.
Trinken Sie in kleinen Schlucken und essen Sie dazu Zwieback oder Brot. Geeignet sind:
Leichter schwarzer Tee, evtl. mit Milch,
Kräutertee, verschiedene Sorten im Wechsel,
gemischter Tee aus Kamille, Pfefferminz und Kümmel,
Mineralwasser ohne Kohlensäure,
Magermilch mit Haferschmelzflocken,
Bananenmixgetränk mit Magermilchjoghurt.

Rezepte für Diätstufen 3 und 4

Suppen

Bouillon mit Einlage ③

E 3 g	F 6 g	KH 0 g
kcal 70	kJ 295	

150–200 ml milde Brühe
1 Eigelb
1 Pr. Salz
1 TL Petersilie, Liebstöckel oder Schnittlauch, gehackt

In die heiße Brühe das verrührte Eigelb geben. Die Brühe mild würzen und mit Petersilie oder Schnittlauch bestreuen.

Variation

Statt des Eigelbs können Sie auch 50 g gekochtes Gemüse, 50 g gekochten Reis oder Nudeln oder 30 g gekochtes Suppenfleisch in der Brühe kurz erwärmen.

Tip

Liebstöckelblätter eignen sich gut zum Einfrieren. Das Kraut sollte, wie auch Basilikum, in ganzen Blättchen eingefroren werden.

Brokkolicremesuppe ③

E 3,6 g	F 4,5 g	KH 7 g
kcal 85	kJ 355	

100 g Brokkoli, in kleinen Stücken, frisch, gekocht oder tiefgefroren
150 ml milde Brühe
1 Pr. Salz
1 Pr. Muskat
1 EL Haferschmelzflocken (5 g)
1 TL Butter oder Margarine (5 g)

Den Brokkoli in der Brühe weichkochen. Dann mit der Flüssigkeit pürieren, mild würzen. Haferschmelzflocken einstreuen und kurz aufkochen. Zuletzt die Butter oder Margarine unterrühren.

Variationen

Statt Brokkoli können Sie Blumenkohl oder Karotten, Sellerie oder gemischtes Gemüse nach Wahl in der Brühe kochen.

Grießnockerlsuppe ③

E 3,5 g	F 6,3 g	KH 11 g
kcal 120	kJ 500	

Für 2 Portionen

- 60 ml Milch
- 1 TL Butter oder Margarine (5 g)
- 25 g Grieß, 1 Eigelb
- 1 Pr. Muskat, 1 Pr. Salz
- 400 ml milde Brühe
- 1 TL Schnittlauch, in Röllchen

Die Milch mit der Butter oder der Margarine zum Kochen bringen. Den Grieß einstreuen und so lange rühren, bis er sich als Kloß ablöst. Den Topf von der Herdplatte nehmen. Das Eigelb, den Muskat und das Salz unterrühren. 1–2 Minuten quellen lassen, dann mit nassen Teelöffeln 6 Nockerln abstechen.

Die Nockerln in Salzwasser 10 Minuten kräftig kochen lassen. Die Nockerln in der Brühe mit Schnittlauch servieren.

Avocado-Sahne-Suppe ④

E 2,1 g	F 28 g	KH 3,6 g
kcal 285	kJ 1195	

- 1/8 l milde Brühe
- 80 g weiche Avocado, püriert
- 1 TL Zitronensaft
- 1 Pr. Salz
- 2 EL Sahne (30 g)
- 1 TL gezupfte Petersilien- oder Kerbelblättchen

Die Brühe mit Avocado und Zitronensaft kräftig verrühren und erhitzen, nicht kochen. Die Suppe leicht salzen und Sahne unterrühren. Zuletzt mit grünen Blättchen bestreuen.

Tip

Die Suppe kann warm oder kalt gegessen werden, sie sollte aber nicht eiskalt sein.

Leberspätzlesuppe ④

E 14 g	F 10 g	KH 11 g
kcal 195	kJ 815	

50 g Leber, fein püriert
1 TL Öl (5 g)
1/2 Ei
1 EL Semmelbrösel (10 g)
1 TL Zwiebeln, fein gehackt
1 Pr. Salz
1 Pr. Thymian
1 Pr. Muskat
1 Msp. geriebene Schale von einer unbehandelten Zitrone
200 ml milde Brühe

Die Leber mit Öl, Ei, Semmelbröseln und Zwiebeln gründlich verrühren. Mit Salz, Thymian, Muskat und Zitronenschale würzen. Die Masse durch eine Spätzlepresse oder ein grobes Sieb in die kochende Brühe laufen lassen. Einmal aufkochen lassen, die Suppe nochmals abschmekken.

Variation

Käse-Reis-Suppe – Nehmen Sie statt Leber 30 g geriebenen Emmentaler, und bereiten Sie den Teig wie oben beschrieben zu. Drücken Sie die Masse durch ein umgedrehtes Reibeisen in die kochende Brühe, und lassen Sie die Spätzle kurz aufkochen.

Kerbelsuppe ③

E 4 g	F 10 g	KH 7 g
kcal 135	kJ 565	

1 TL Butter oder Margarine (5 g)
1 EL Mehl (10 g)
200 ml milde Brühe
1 Pr. Suppenwürze
1 EL Kerbel, fein gehackt
1 Eigelb

Die Butter oder Margarine erhitzen, das Mehl darin anschwitzen und eine Einbrenne herstellen.
Die Brühe unter Rühren aufgießen und etwa 5 Minuten durchkochen lassen. Mit Suppenwürze mild abschmecken.
Kerbel zugeben und noch einmal kurz aufkochen. Zuletzt die Suppe mit Eigelb legieren.

Tip

Legieren nennt man das Binden einer Suppe oder Soße mit Eigelb. Dazu das Eigelb mit 1–2 EL Brühe oder Soße in einer Tasse verrühren und erst dann in die Suppe oder Soße gießen. Nicht mehr kochen lassen, da sonst das Eigelb gerinnt.

Soßen

Helle Grundsoße ③

E 1 g	F 4 g	KH 8 g
kcal 75	kJ 315	

1/8–1/4 l Wasser oder milde Brühe
1 EL Mehl oder Speisestärke (10 g)
1 Pr. Salz
1 Pr. Suppenwürze
1 TL Butter oder Margarine (5 g)
oder 1 EL Sahne oder Crème fraîche (15 g)

Das Mehl mit etwas kalter Flüssigkeit glattrühren. Die restliche Flüssigkeit zum Kochen bringen und das angerührte Mehl einlaufen lassen. Die Soße unter Rühren kräftig durchkochen, dann nach Belieben abschmecken.

Variationen

Verrühren Sie mit der Grundsoße entweder 1 EL feingehackte Kapern, 1 EL feingehackten Dill, 1 TL feingehackte Petersilie oder andere Kräuter. Bei der **Diätstufe 4** dürfen Sie auch 1 TL geriebenen Meerrettich oder 1–2 TL Tomatenmark unter die Soße rühren. Zum Abschmecken der Soße nehmen Sie 1 Pr. Muskat, weißen Pfeffer, ein paar Tropfen Zitronensaft, Worcestersoße oder Sojasoße.

Joghurt-Sahne-Creme ④

E 7,5 g	F 15 g	KH 15 g
kcal 230	kJ 965	

Für 2 Portionen

1 Becher Sahnejoghurt, 150 g oder
75 g Joghurt mit 75 g Sahne, steifgeschlagen
1 Pr. Salz
50 g Apfel, geraspelt
1 TL Dill, gehackt
1 TL Zitronensaft

Den Sahnejoghurt oder den Joghurt und die Schlagsahne mit Salz, Apfel, Dill und Zitronensaft mischen.

Variationen

Die Soße mit feingehackten Essiggurken, Kapern, Tomatenketchup oder Kräutern mischen. Diese Soße paßt sehr gut zu Salaten oder kalten Speisen.

Bechamelsoße ③

E 5 g	F 5 g	KH 13 g
kcal 120	kJ 500	

- $^1/_8$ l Milch
- 1 EL Mehl oder Speisestärke (10 g)
- $^1/_2$ Tasse Wasser oder Brühe
- 1 Pr. Salz
- 1 Pr. Muskat
- 1 Msp. geriebene Schale von einer unbehandelten Zitrone

Die Milch zum Kochen bringen. Mehl oder Stärke mit kaltem Wasser oder kalter Brühe glatt verrühren, in die Milch einlaufen lassen, kräftig durchkochen, dann mild würzen.

Tip

Ist der Patient sehr geschwächt, können Sie 1 TL Butter oder Margarine zugeben oder die Soße mit einem Eigelb legieren.

Fleischgerichte

Bei der Zubereitung von Fleischgerichten für die Diätstufe 3 und 4 sollten Sie folgende Punkte beachten:

- Nehmen Sie nur gutes, **mageres Fleisch** von möglichst jungen Tieren.
- **Gekocht, gedünstet** oder **gegrillt** (nicht vom Holzkohlengrill) ist Fleisch bekömmlicher als in gebratener Form.
- Leichtes Anbraten und Garen im **Römertopf** sowie Zubereitungsarten in **Braten- oder Alufolie** ermöglichen es Ihnen, den Speiseplan abwechslungsreich zu gestalten.
- Garen Sie **Gemüsestückchen** (Karotten, Lauch, Sellerie, Petersilienwurzeln oder Zwiebeln) mit, sie **verbessern den Geschmack.** Auch tiefgefrorenes Suppengrün läßt sich verwenden.
- Wenn Sie größere Fleischportionen (Braten-, Suppenfleisch) zubereiten, können Sie das restliche Fleisch zu Salaten oder anderen Gerichten geben.
- Auch **braune, schmackhafte Soßen** können Sie herstellen, ohne das Fleisch vorher anzubraten. Geben Sie dazu das Fleisch mit Kräutern, Wurzelgemüse und etwas Salz in einen Topf, bedecken Sie es mit Wasser und kochen es so lange, bis die Flüssigkeit fast eingekocht ist. Jetzt entfernen Sie das Fleisch und das Gemüse, und lassen noch so lange kochen, bis sich auf dem Topfboden ein brauner Belag gebildet hat. Gießen Sie dann wieder Flüssigkeit zu, und Sie haben eine schmackhafte braune Soße.

Wiener Tafelspitz ③

E 20 g	F 24 g	KH 0 g
kcal 305	kJ 1280	

Für 4 Portionen

- 500 g Tafelspitz
- 1 Bund Suppengrün, in Stücken
- 1 Lorbeerblatt
- 1 TL Gewürzkörner
- 1 EL Salz
- 1 EL Schnittlauch, in Röllchen
- 1 TL Meerrettich
- 1 EL geschlagene Sahne

Das Fleisch mit Gewürzen und Salz in einen Suppentopf geben. Mit Wasser bedecken und langsam erhitzen. Bei niedriger Hitze 1 1/2–2 Stunden köcheln lassen (im Dampfdrucktopf etwa 30 Minuten), bis das Fleisch sehr weich ist. Dann das Fleisch aus dem Sud nehmen, etwas abkühlen lassen und in Scheiben schneiden. Die Brühe durch ein feines Sieb gießen. Das Fleisch mit etwas Brühe, Schnittlauch und dem mit der Sahne verrührten Meerrettich anrichten.

Kalbfleischtimbale ③

E 24 g	F 13 g	KH 19 g
kcal 295	kJ 1235	

1 Scheibe gekochter Schinken (20 g)
50 g frisch gekochte Kartoffeln
100 g Kalbfleisch, fein püriert
1 Msp. geriebene Schale von einer unbehandelten Zitrone
1 Pr. Salz
1 Eiweiß
2 EL süße Sahne oder Crème fraîche (30 g)

Den Schinken würfeln, die Kartoffeln durch ein feines Sieb pressen. Das Fleisch mit dem Schinken, den Kartoffeln, der Zitronenschale und Salz gut verkneten. Das Eiweiß zu Schnee schlagen, zusammen mit der Sahne oder Crème fraîche unter die Fleischmasse heben. Den Teig 3/4 hoch in eine kleine gefettete Timbaleform oder Kaffeetasse füllen. Mit gefetteter Alufolie abdecken und im Wasserbad etwa 1 Stunde kochen lassen.

Variation

Aus diesem Teig können Sie mit 2 Eßlöffeln auch Nockerln abstechen und diese in Brühe kochen.

Kalbsgeschnetzeltes mit Zitrone ④

E 25 g	F 19 g	KH 15 g
kcal 340	kJ 1425	

125 g Kalbfleisch, geschnetzelt
1 TL Mehl (5 g)
1 TL Öl (5 g)
1 TL Zitronensaft
1 Pr. Rosenpaprika
1 Pr. Salz
20 g Zwiebeln, in Würfeln
2 EL Sahne (30 g)
3–4 feine Schalenstreifen einer unbehandelten Zitrone

Das Kalbfleisch mit Mehl bestäuben und in einer heißen, mit Öl ausgepinselten Pfanne rundum bei mittlerer Hitze anbraten. Das Fleisch in eine Schüssel geben, mit Zitronensaft, Paprika und Salz würzen und zugedeckt ziehen lassen.
Die Zwiebeln im restlichen Pfannensatz dämpfen, mit 1/2 Tasse Wasser ablöschen. Die Sahne zugießen und köcheln lassen, bis die Hälfte der Flüssigkeit verdunstet ist. Nun das Fleisch wieder zugeben und nur noch heiß werden lassen. Ein paar feine Zitronenschalenstreifen darübergeben.

Variationen

Für Geschnetzeltes können Sie auch Puten- oder Hähnchenbrust nehmen. Bei **Diätstufe 3** sollten allerdings die Zwiebeln und die Zitronenschalen wegbleiben. Sie können hier nach Belieben mit Kümmel oder Kräutern der Provence würzen.

Kalbsfrikassee ③

E 25 g	F 17 g	KH 7 g
kcal 290	kJ 1215	

Für 4 Portionen

500 g Kalbsschulter
1 Bund Suppengrün, in Stücken
1 Zwiebel, in Scheiben
1 Lorbeerblatt, 4–5 Gewürzkörner
1 TL Salz
2 Scheiben von einer unbehandelten Zitrone
4 EL Mehl (40 g), 1 EL Zitronensaft
2 EL Butter oder Margarine (20 g) oder
4 EL Sahne oder Crème fraîche (60 g)
evtl. 1 Pr. Suppenwürze

Das Kalbfleisch mit Suppengrün, Zwiebel, Gewürzen, Salz und Zitronenscheiben in einen großen Topf geben. Mit Wasser bedecken. 1–1 1/2 Stunden köcheln lassen, bis das Fleisch sehr weich ist. Das Kalbfleisch in Stücke schneiden oder das Geflügel enthäuten und von den Knochen lösen. Die Brühe abseihen. Das Mehl mit einer Tasse Wasser und Zitronensaft glatt rühren, die kochende Brühe damit binden und die Soße kräftig durchkochen lassen. Das Fleisch zugeben, und die Soße mit Butter, Sahne oder Crème fraîche verfeinern. Bei niedrigster Hitze nochmals etwa 15 Minuten ziehen lassen.

Variationen

In die Soße können Sie gekochten Blumenkohl, Karotten, eventuell feine Erbsen oder Champignons geben.

Hackbällchen, auf Gemüse gedämpft ③

E 22 g	F 23 g	KH 32 g
kcal 435	kJ 1820	

100 g feines Hackfleisch (Rinderhackfleisch oder feingehackte Putenbrust)
1 Eigelb
1 Msp. geriebene Schale einer unbehandelten Zitrone
1 Pr. Salz
$^1/_4$ Brötchen oder $^1/_2$ Scheibe Toastbrot, in Wasser eingeweicht und ausgedrückt
150 g Gemüse nach Wahl, in Stücken (z. B. Karotten, Kohlrabi, grüne Bohnen)
1 Pr. Thymian oder Kräuter der Provence
1 Pr. Suppenwürze
1 TL Butter oder Margarine (5 g)

Das Hackfleisch mit Eigelb, Zitronenschale, Salz und dem Brötchen sehr gut verkneten. 4–6 kleine Bällchen daraus formen und diese etwa 15 Minuten ruhen lassen. In der Zwischenzeit das Gemüse würzen und etwa 10 Minuten dämpfen. Dann die Fleischbällchen zugeben. Die Butterflöckchen darüber verteilen und weitere 15 Minuten dämpfen.

Variationen

Bei **Diätstufe 4** dürfen Sie kleine Zwiebelwürfel an den Fleischteig und zum Gemüse geben und mit Pfeffer und Paprika abschmecken. Die Fleischbällchen können auch gegrillt oder in einer beschichteten Pfanne mit 1 TL Öl gebraten werden.

Chinakohlröllchen mit Brätfüllung ③

E 17 g	F 7 g	KH 18 g
kcal 210	kJ 875	

2 große Chinakohlblätter (etwa 50 g)
125 g Kalbsbrät
eventuell 1 kleine Knoblauchzehe, gepreßt
1 TL Petersilie, gehackt
1 Msp. geriebene Schale einer unbehandelten Zitrone
100 g gekochte Möhren, in Würfeln
50 g feine, grüne Erbsen oder Brokkoliröschen (TK-Produkt)
$^1/_4$ l milde Brühe
1 TL Soßenbinder oder Schmelzflocken

Die Chinakohlblätter in Salzwasser kurz blanchieren, abseihen und nebeneinander auf einem Tuch ausbreiten.
Das Brät mit Knoblauch, Petersilie und Zitronenschale verrühren. Das Gemüse untermengen. In 2 Portionen teilen und jeweils 1 Portion in ein Chinakohlblatt einrollen. In Brühe etwa 20 Minuten gardünsten. Die Soße mit Soßenbinder oder Schmelzflocken kurz aufkochen und nachwürzen.

Variation

Die Füllung in große, kurz blanchierte Spinatblätter einrollen und wie oben angegeben dünsten. Die Menge ergibt, wegen der kleineren Blätter, 4–6 Röllchen, die auch Laubfrösche genannt werden.

Kalbsleber auf venezianische Art ④

E 28 g	F 6,3 g	KH 5 g
kcal 200	kJ 835	

10 g Zwiebeln, in Würfeln
eventuell 1 kleine Knoblauchzehe, in Scheiben
3–4 frische Salbeiblätter, in Streifen
125 g Kalbsleber, in feinen Streifen
1 Pr. Salz
1 Pr. weißer Pfeffer
2–3 EL Weißwein oder milde Brühe

Die Zwiebeln, den Knoblauch und den Salbei bei milder Hitze in Öl andünsten. Die Leber zugeben und unter Rühren dünsten, bis sie gar ist. Dann vom Feuer nehmen, würzen und Wein oder Brühe dazugeben. Zugedeckt noch ein paar Minuten ziehen lassen.

Variation

Nach Belieben die Soße mit Zitronensaft oder ein paar Tropfen Essig abrunden.

Kalbsbraten ③

E 25 g	F 13 g	KH 0 g
kcal 225	kJ 925	

Für 4 Portionen

500–700 g Kalbsschulter oder Halsgrat
1 TL Salz
1 EL Kümmel, Rosmarin oder 1 frischer Salbeizweig
100 g Zwiebeln, in Scheiben
100 g Karotten oder Sellerie, in Scheiben

Das Fleisch abtupfen, rundherum leicht salzen und eventuell mit Kümmel oder Rosmarin bestreuen.
Das Gemüse, eventuell mit Salbei, in einen gewässerten Römertopf oder in Bratenfolie legen. Das Fleisch daraufgeben, die Folie schließen, beziehungsweise den Deckel auflegen, und in den kalten Ofen schieben. Den Braten bei 200° C 1–1 1/2 Stunden braten. Eventuell muß im Römertopf nach halber Garzeit 1 Tasse Flüssigkeit zugegeben werden.
Vor dem Anschneiden das Fleisch 5–10 Minuten ruhen lassen. Gewünschte Portionen abschneiden, den Rest kalt stellen, eventuell einfrieren. Die Soße durch ein Sieb geben und abschmecken. Wenn nötig, das Fett mit Küchenkrepp absaugen.

Filet Mignon ③

E 22 g	F 4,6 g	KH 3 g
kcal 145	kJ 605	

Für 3 Portionen

1 kleines Kalbsfilet (300 g), von Haut und Sehnen befreit
1/2 TL Salz
1 Pr. weißer Pfeffer
2 EL Öl (20 g)

Für die Soße:
1/8 l milde Brühe
2–3 EL Weißwein
1/2 TL Estragon oder Basilikum, getrocknet
1 1/2 EL Sahne oder Crème fraîche (20 g)
1 Kiwi, geschält, in Scheiben (100 g)

Das Kalbsfilet abtupfen und rundherum mit Salz und Pfeffer würzen.
Das Öl in der Pfanne nicht zu heiß werden lassen. Das Fleisch einlegen und von allen Seiten je 5–7 Minuten bei mittlerer Hitze braten. Dann aus der Pfanne nehmen, in Alufolie wickeln und ruhen lassen.
Das Bratenfett mit Küchenkrepp sorgfältig abtupfen. Den Pfannenansatz mit Brühe und Wein loskochen und die Flüssigkeit etwas einkochen lassen. Die Soße mit Kräutern würzen und mit Sahne oder Crème fraîche binden.
Das Fleisch aus der Folie nehmen, ausgetretene Flüssigkeit zur Soße geben, das Fleisch schräg in Scheiben schneiden und mit der Kiwi anrichten. Die Soße getrennt dazu reichen.

Pfannengerührtes Filet ④

E 28 g	F 10 g	KH 6 g
kcal 210	kJ 880	

125 g Rinds-, Kalbs- oder Schweinefilet, in feinen Streifen
1 TL Öl (5 g)
1 Pr. Salz
1 TL Sojasoße
1/2 TL Bohnenkraut
1 Pr. Rosenpaprika
100 g Champignons oder Egerlinge, in Scheiben
100 g Tomaten, gehäutet, in Würfeln
1/8 l milde Brühe

In einer großen, heißen Pfanne oder einem Wok das Fleisch in heißem Öl kurz unter Rühren anbraten, würzen. Die Pilze unter Rühren zugeben. Zuletzt die Tomaten und die Brühe unterrühren, kurz erhitzen, nicht mehr kochen lassen.

Variationen

Sie können das Gericht auch mit Fischwürfeln, Hähnchen- oder Putenbruststreifen zubereiten. Würzen Sie das Gericht zuletzt mit Petersilien- oder Kerbelblättchen.

Essen im geselligen Kreis

Wok und **Feuertopf** sind jahrtausendealte Kochgeräte aus dem fernen Osten. Jetzt werden sie auch bei uns immer bekannter und beliebter, denn gerade für Gäste lassen sich darin ohne großen Aufwand köstliche Gerichte zubereiten. Im Dampf oder in Brühe gegart, sind auch für die **Diätstufen 3 und 4** zu empfehlen.

Im **Feuertopf** können Sie, ähnlich wie im Fonduetopf, portionsweise Fleisch und Gemüse garen.

Im vielseitigen **Wok** läßt sich **kochen, mit einem speziellen Einsatz dämpfen** oder **pfannenrühren.** Letzteres heißt, Fleisch, Fisch oder Gemüse in schmalen Streifen unter ständigem Rühren braten.

Fondue Chinoise ③

E ca. 35 g	F ca. 10 g	KH ca. 40 g
kcal 400	kJ 1680	

Für 4 Portionen

- 500 g Filetfleisch, in hauchdünne Scheiben geschnitten (Rinder-, Kalbs-, Schweinefilet und Geflügelbrust
- 600 g verschiedene Gemüse (Karotten, in dünnen Streifen, Sojasprossen, Chinakohlsalat, Chicorée, Champignons, Zuckerschoten)
- etwa 1 l milde Brühe

Das Fleisch auf Portionsteller verteilen. Gemüse hübsch anrichten. Die Brühe in einen Fonduetopf geben.

Jeder spießt ein Fleischscheibchen auf seine Fonduegabel, taucht es kurz in die kochende Brühe, das Fleisch ist in 1 Minute gar. Etwas Gemüse kann immer nebenbei mitgekocht werden. Dazu ißt man verschiedene Soßen, zum Beispiel Sojasoße, Cumberlandsoße oder Joghurt-Sahne-Creme, und Baguettescheiben.

Zuletzt wird die Brühe zum Trinken in kleine Tassen verteilt.

Sukiyaki mit Rindfleisch ③

E 40 g	F 12,5 g	KH 25 g
kcal 370	kJ 1560	

Für 4 Portionen

- 500 g Rinderfilet, in hauchdünne Scheiben geschnitten
- 250 g Spinat, blanchiert
- 400 g verschiedene Gemüse (Lauch in Scheiben, zarte Spinatblätter, Chinakohl, Stangensellerie, eingeweichte Trockenpilze)
- 100 g Glasnudeln, eingeweicht
- 4 Eier

Alle Zutaten hübsch anrichten.

Die Brühe im Wok erhitzen und darin portionsweise die einzelnen Zutaten garen.

Jeder Gast verrührt in einem eigenen Schälchen 1 Ei und taucht, vor dem Essen, die gegarten Speisen hinein.

Dazu wird Reis und Brot serviert.

Wild- und Geflügelgerichte

Rehkeule, gedünstet ③

E 22 g	F 3 g	KH 8 g
kcal 150	kJ 630	

Für 4 Portionen

- 500 g Rehkeulenfleisch (ohne Knochen), von einem jungen Reh
- 1/2 l Buttermilch zum Einlegen
- 1 Bund Suppengrün, in Stücken
- 1 TL Salz
- 1 TL Gewürzkörner (Piment, Pfeffer, Wacholder)
- 2 EL Mehl (20 g)
- 3 TL Johannisbeergelee (30 g)
- 4 TL Sahne oder Crème fraîche (20 g)

Das Rehfleisch sorgfältig häuten und 3–4 Tage in Buttermilch einlegen. Dann gründlich waschen und trockentupfen.

Das Suppengrün, Salz und Gewürze mit 1/4 l Wasser zum Kochen bringen. Das Fleisch einlegen und zugedeckt bei niedriger Hitze dünsten. Wenn die Flüssigkeit ganz eingekocht ist, nach und nach etwas Wasser (oder Brühe) zugießen.

Das Fleisch etwa 1 Stunde dünsten, zuletzt sollte etwa 1/2 l Soße vorhanden sein.

Das Fleisch herausnehmen, zugedeckt warmhalten. Die Soße durch ein Sieb geben, mit dem mit etwas Wasser angerührten Mehl binden und kräftig durchkochen lassen.

Zuletzt mit Johannisbeergelee, Sahne oder Crème fraîche abschmecken.

Hirschsteak in Kirschsoße ④

E 27 g	F 16 g	KH 20 g
kcal 340	kJ 1435	

Für 2 Portionen

- 2 Hirschsteaks (à 125 g)
- 2 Wacholderbeeren, zerdrückt
- 1 Pr. Thymian
- 1 Pr. Nelkenpulver
- 1/4 l Buttermilch
- 1 EL Öl (10 g), 1 TL Butter (5 g)
- 1 TL Mehl oder Soßenbinder (5 g)
- 1/8 l milde Brühe
- 100 g Kirschen, frisch oder eingekocht
- 50 ml Kirschsaft
- 1 EL Kaffeesahne
- 1 Msp. geriebene Schale einer unbehandelten Zitrone

Die Steaks würzen, mit Buttermilch begießen und über Nacht kühl stellen. Das Fleisch herausnehmen und trockentupfen. In der Pfanne mit Öl und Butter bei mittlerer Hitze etwa 8 Minuten braten, dabei einmal wenden. Dann das Fleisch herausnehmen und warmhalten. Das Bratfett in der Pfanne mit Haushaltspapier abtupfen. Mehl oder Soßenbinder und Brühe zugeben und kräftig aufkochen lassen. Dann Kirschen, Saft, Kaffeesahne und Zitronenschale unterrühren. Die Steaks wieder zugeben und zugedeckt ohne Hitzezufuhr ein paar Minuten ziehen lassen.

Putenschnitzel Saltimbocca ④

E 24 g	F 9 g	KH 0 g
kcal 180	kJ 755	

1 dünnes Putenschnitzel (125 g)
1 Pr. Salz
1 Pr. weißer Pfeffer
1 Scheibe roher Schinken (20 g)
4–5 frische Salbeiblätter
1 TL Öl (5 g)
1 TL Butter (5 g)

Das Putenschnitzel würzen. Mit Schinken und Salbei belegen, mit einem Zahnstocher feststecken. Das Schnitzel bei mittlerer Hitze in einer Pfanne mit Butter und Öl von jeder Seite etwa 4 Minuten braten.

Tip

Gegrilltes oder bei mittlerer Hitze gebratenes Putenschnitzel (oder Kalbsschnitzel) kann auch während der **Diätstufe 3** gegessen werden. Wenden Sie das Fleisch dann nicht in Mehl, und braten oder grillen Sie es nicht bei höchster Hitzestufe.

Brathähnchen

Bei **Diätstufe 3** dürfen Sie vom Brathuhn, Grillhähnchen oder einer gebratenen Poularde nur das zarte Fleisch, nicht die Haut verwenden. Bei **Diätstufe 4** ist der Verzehr von kleinen, knusprigen Hautstücken erlaubt. Bei panierten Hähnchenteilen (wie beim Wiener Backhendl) muß jedoch auch bei Diätstufe 4 die fette Panade entfernt werden.

Bedenken Sie, daß auch Brathähnchen gekocht oder gedünstet werden können. Mit frischen oder getrockneten Kräutern, wie Thymian, Majoran, Rosmarin, Estragon, und wenig mildem Paprika können sie die Grundlage für Suppen, Eintöpfe, Salate oder Brotbeläge sein.

Für alle Geflügelgerichte gilt: Verwenden Sie nur junges, mageres Geflügel, zum Beispiel Brathähnchen, Poularde, Taube oder mageres Putenfleisch. Jedoch muß auch dieses von jedem sichtbaren Fett befreit werden.

Hühnerbrüstchen in Buttersoße ③

E 38 g	F 10 g	KH 4,6 g
kcal 270	kJ 1130	

- 2 Hühnerbrüstchen (etwa 160 g)
- 1 EL Butter oder Margarine (10 g)
- 1 Pr. Salz
- 1 Msp. geriebene Schale von einer unbehandelten Zitrone
- 3–4 Tropfen Zitronensaft
- 3–4 Tropfen Worcester- oder Sojasoße
- 1 TL Mehl oder Speisestärke (5 g)
- 1/2 Tasse milde Brühe

Die Hühnerbrüstchen waschen und trokkentupfen.
Die Butter im Pfännchen nur zerlaufen, nicht heiß werden lassen. Das Fleisch hineinlegen, würzen und zugedeckt dämpfen, bis das Fleisch gerade gar ist. Dabei einmal wenden.
Dann das Fleisch herausnehmen und warmhalten.
Das Mehl zugeben und kurz anschwitzen. Mit Brühe begießen und kräftig durchkochen lassen. Vom Feuer nehmen, die Soße abschmecken und das Fleisch mit dem eventuell ausgetretenen Saft wieder hineinlegen. Einige Minuten in der heißen Soße ziehen, aber nicht kochen lassen.

Merke:
In den ersten Tagen, bei Umstellung auf Diätstufe 3, ist fast immer die halbe Portion des Gerichts ausreichend.

Hähnchenschenkel mit Mandelsoße ④

E 34 g	F 20 g	KH 6 g
kcal 350	kJ 1465	

- 1 Hähnchenschenkel (etwa 200 g)
- 1 Pr. Salz
- 1 Pr. weißer Pfeffer
- 1 TL Mehl (5 g)
- 1 EL Öl (10 g)
- 1/4 l milde Hühnerbrühe
- 1 Msp. Safran, Curry oder Kurkuma
- 10 g Mandelblättchen
- eventuell etwas krause Petersilie

Die Hähnchenschenkel waschen, trockentupfen, mit Salz und Pfeffer würzen und dünn mit Mehl bestäuben.
Eine Pfanne oder einen Topf mit Öl ausstreichen. Das Fleisch einlegen und bei milder Hitze andünsten. Nach und nach etwas Brühe zugießen und immer wieder einkochen lassen. Wenn das Fleisch weich ist, restliche Flüssigkeit angießen und mit Safran, Curry oder Kurkuma würzen. Die Mandeln ohne Fettzugabe in einem Pfännchen hellbraun rösten. Über das Fleisch verteilen und nach Geschmack die Petersilie danebenlegen.

Fischgerichte

Fisch in Folie ③

E 20 g	F 6 g	KH 0 g
kcal 140	kJ 585	

1 küchenfertige Forelle oder Renke
(etwa 200 g)
1 EL Zitronensaft
1/2 Bund Petersilie
1/2 TL Salz
1 TL Butter oder Margarine (5 g)
1 BLatt Alufolie
Zitronenecken und Petersilie zum
Anrichten

Die Forelle oder Renke gründlich innen und außen waschen, eventuell restliches Blut entfernen. Innen trockentupfen, mit Zitronensaft beträufeln und salzen.
Die Folie mit flüssiger Butter oder Margarine bestreichen. Den Fisch darauflegen und die Folie einschlagen.
Im Backofen bei 200° C oder über Wasserdampf 15–20 Minuten garen.
Der Fisch ist gar, wenn sich sein Fleisch leicht von den Gräten löst.

Variation

Auch 100–150 g Fischfilet (Kabeljau, Goldbarsch oder Seelachs) können Sie nach diesen Angaben in Folie zubereiten. Je nach Dicke des Filets sind jedoch 10–15 Minuten Garzeit ausreichend.

Fischklößchen in Zitronen-Estragon-Soße ③

E 25 g	F 7,5 g	KH 5,6 g
kcal 195	kJ 815	

100 g Fischfilet, ohne Gräten, in Würfeln
1 Eiweiß
1 Pr. Salz, 1 Pr. Rosenpaprika
1 Pr. Pfeffer
50 ml Sahne
200 ml Brühe oder Fischsud
2–3 EL Weißwein
1 TL Speisestärke (5 g)
1 Eigelb
2–3 TL Zitronensaft
1 Msp. geriebene Schale von einer
unbehandelten Zitrone
1 TL getrockneter Estragon
oder 2 TL frischer Estragon, gehackt

Den Fisch mit Eiweiß, Salz, Gewürzen und Sahne im Mixer zerkleinern oder mit dem Pürierstab sehr fein pürieren.
Die Brühe mit dem Wein in einem kleinen Topf zum Kochen bringen. Mit 2 nassen Löffeln Nockerln oder Klößchen aus dem Fischteig formen und in den Sud geben. Zugedeckt 5 Minuten ziehen lassen.
Danach die Soße mit der Stärke binden. 2–3 EL davon entnehmen und in einer Tasse mit dem Eigelb verrühren, in die nicht mehr kochende Soße zurückgeben und diese damit legieren. Zuletzt Zitronensaft und -schale sowie den Estragon zugeben. Die Klößchen noch ein paar Minuten in der Soße ziehen lassen.

Gedämpftes Fischfilet in Kräutersoße ③

E 19 g	F 12 g	KH 4,6 g
kcal 210	kJ 880	

1 kleines Fischfilet (100–125 g)
1 TL Zitronensaft
1 Pr. Salz
1 TL Butter oder Margarine (5 g)
1/8–1/4 l milde Brühe
1 TL Soßenbinder (5 g)
1 TL gehackte Kräuter, zum Beispiel Estragon oder Dill
1 EL Sahne oder Crème fraîche (15 g)
1–2 Zitronenecken
krause Petersilie

Das Fischfilet waschen und trockentupfen. Mit Zitronensaft und Salz würzen. Einen Siebeinsatz oder Pergamentpapier mit flüssiger Butter oder Margarine einstreichen. Das Filet in das Sieb legen oder in das Papier wickeln.

Bei Verwendung des Siebeinsatzes bringen Sie 1/4 l Brühe kräftig zum Kochen, wenn Sie den Fisch in Papier zubereiten, nehmen Sie nur 1/8 l Brühe. Den Fisch 10–15 Minuten in der Brühe garen. Dann herausnehmen und warmhalten.

Den Sud mit Soßenbinder andicken, mit Kräutern und Sahne abschmecken. Den Fisch ohne Siebeinsatz oder Pergamentpapier ein paar Minuten in der Soße ziehen lassen.

Fischragout mit bunten Nudeln ③

E 36 g	F 12 g	KH 51 g
kcal 470	kJ 1965	

- 150 g Fischfilet, frisch oder tiefgefroren
- 1 EL Zitronensaft
- 60 g bunte Nudeln oder Tomaten- oder Spinatnudeln
- 1 Zweig frischer oder 1 Pr. getrockneter Thymian
- 1 Pr. weißer Pfeffer
- 1/4 l Brühe oder Fischsud
- 1 EL Mehl (10 g)
- 1 TL Butter oder Margarine (5 g)
- 1 1/2 EL Crème fraîche oder Sahne (20 g)
- 1 TL Schnittlauch, in Röllchen

Das Fischfilet in 3–4 Stücke schneiden, mit Zitronensaft beträufeln und kurz ziehen lassen. In der Zwischenzeit die Nudeln etwa 15 Minuten in Salzwasser kochen und abseihen. Auf einen vorgewärmten Teller oder in ein Pfännchen legen.

Den Fisch mit Thymian und Pfeffer würzen und in der Brühe garziehen lassen. Dann aus dem Sud nehmen und über den Nudeln verteilen.

Das Mehl in der heißen Butter oder Margarine anschwitzen. Mit dem Sud begießen, kräftig durchrühren und aufkochen lassen. Die Crème fraîche oder Sahne unterziehen. Die Soße durch ein Sieb streichen und über die Fisch-Nudel-Mischung geben. Mit Schnittlauch bestreuen.

Fischgratin mit Brokkoli ④

E 47 g	F 24 g	KH 10 g
kcal 455	kJ 1905	

- 150 g Fischfilet, frisch oder tiefgefroren
- 1–2 TL Zitronensaft
- 1 Pr. Salz
- 1 Pr. Muskat
- 150 g Brokkoli, frisch oder tiefgefroren
- 100 g saure Sahne
- 1 Ei, Eigelb und Eiweiß getrennt
- 20 g Reibkäse, zum Beispiel Gouda oder Emmentaler

Den Fisch in Würfel oder Streifen schneiden. Mit Zitronensaft, Salz und Muskat würzen und in eine flache Auflaufform legen. Frische Brokkoli 5 Minuten in wenig Wasser kochen, tiefgefrorene nur auftauen. Das Gemüse zwischen die Fischstücke legen. Sahne und Eigelb verrühren. Eiweiß zu Schnee schlagen und unterziehen, die Masse mild würzen. Die Soße über Fisch und Gemüse geben, mit Käse bestreuen. Bei 200°C etwa 20 Minuten im Ofen backen.

Als Beilage Reis oder Kartoffelpüree.

Tip

Reis oder Kartoffelpüree kann als untere Schicht mit in die Gratinform gegeben werden. Dann sollten Sie die Form vorher dünn mit Butter oder Öl auspinseln. Für **Diätstufe 3** bereiten Sie das Fischgratin ohne Käse und backen es bei niedrigerer Hitze (175°C) etwa 30 Minuten.

Eintöpfe und vegetarische Gerichte

Hühnersuppentopf mit Reis ③

E 32 g	F 5 g	KH 55 g
kcal 402	kJ 1680	

1 junges Hähnchen oder 1 Poularde (etwa 1000 g)
1 Bund Suppengrün, in Stücken
1 Lorbeerblatt, 1 TL Gewürzkörner
1 TL Salz
3 Scheiben einer unbehandelten Zitrone
150 g Bohnen, in Stücken
100 g Karotten, in Scheiben
50 g Schnellkochreis
1 Pr. Suppenwürze
1 TL Schnittlauch, in Röllchen

Das Hähnchen oder die Poularde innen und außen waschen und im Suppen- oder Schnellkochtopf knapp mit Wasser bedecken. Das Suppengrün, die Gewürze, das Salz und die Zitronenscheiben zugeben und in etwa 1 Stunde (im Schnellkochtopf in 20 Minuten) weichkochen. Dann das Fleisch von Haut und Knochen ablösen. 100 g für den Suppentopf abnehmen, den Rest für Salate oder andere Gerichte kühl stellen beziehungsweise einfrieren. Die Brühe durchseihen und entfetten. $^1/_4$ l Brühe abnehmen (den Rest für andere Gerichte verwenden oder tiefgefrieren) und das Gemüse darin garkochen. Den Reis zufügen und 5 Minuten ziehen lassen. Den Eintopf abschmecken, das Fleisch zugeben und zuletzt mit Schnittlauch bestreuen.

Sahnenudeln mit Schinken ③

E 24 g	F 23 g	KH 47 g
kcal 405	kJ 1695	

50 g Spaghetti oder andere Nudeln
150 g Brokkoli, tiefgefroren (oder Mischgemüse nach Wahl)
$^1/_8$ l milde Brühe
1 Pr. Muskat
1 TL Soßenbinder (5 g)
2 EL Sahne oder Crème fraîche (30 g)
1 TL Petersilie, gehackt
60 g milder, gekochter Schinken, in Streifen

Die Nudeln kochen und mit kaltem Wasser abschrecken. Das Gemüse in der Brühe weichkochen und würzen. Die Nudeln zufügen und die Soße binden. Die Sahne und die Petersilie unterrühren. Den Schinken auflegen und kurz erwärmen.

Variationen

Sie können für die Sahnenudeln jede gekochte Fleischsorte nehmen. Besonders geeignet sind Geflügel- oder Kalbfleisch, aber auch Pökelzunge oder kleine Fleischklößchen geben dem Gericht einen guten Geschmack.

Bouillonkartoffeln mit Kasseler ④

E 35 g	F 33 g	KH 41 g
kcal 620	kJ 2595	

- 1 Bund Suppengrün
- 1/4 l milde Brühe
- 200 g Kartoffeln, mehlig-festkochend, in Scheiben
- 1 Pr. Salz
- 1 Pr. weißer Pfeffer
- 1 gekochtes Kasseler Rippchen (200 g), mit Knochen

Das Suppengrün sehr kleinschneiden und in der Brühe zum Kochen bringen. Die Kartoffeln einlegen, würzen und weichkochen. Am Ende der Garzeit das Rippchen auflegen und bei niedrigster Hitze langsam erwärmen. Die Soße soll dabei den würzigen Geschmack des Fleisches annehmen und das Fleisch dabei saftig bleiben.

Kalbszunge mit Gemüse und Grießklößchen ④

E 31 g	F 15 g	KH 22 g
kcal 355	kJ 1485	

Für 2 Portionen

- 1 kleine Kalbszunge (etwa 300 g)
- 1 l milde Brühe
- 1 Bund Suppengrün, in Stücken
- 200 g Brokkoli, in Röschen
- 200 g Karotten in Scheiben
- (oder 400 g Mischgemüse nach Wahl)
- 1 Pr. Salz
- 1 Pr. Muskat

Für die Grießklößchen:

(siehe Seite 36)

Die Kalbszunge in der Brühe mit Suppengrün etwa 1 Stunde kochen. Dann herausnehmen, mit kaltem Wasser abschrecken und die Haut abziehen. Die Brühe durchseihen, mit Küchenkrepp entfetten und das Gemüse darin garkochen. Mit Salz und Muskat abschmecken. In der Zwischenzeit den Teig für die Grießklößchen zubereiten. Mit 2 Teelöffeln pflaumengroße Klößchen abstechen und in Salzwasser garen. Die Zunge in Stücke schneiden, mit dem Gemüse und den Klößchen in der Brühe anrichten.

Tip

Die Zunge ist gar, wenn sich die Haut abziehen läßt, sonst muß die Kochzeit verlängert werden.

Gemüsegratin ③

E 17 g	F 21 g	KH 30 g
kcal 340	kJ 1425	

- 150 g gekochtes Gemüse oder gemischtes Tiefkühlgemüse, zum Beispiel Karotten, Blumenkohl, Brokkoli, zarte, grüne Bohnen
- 1 EL Butter oder Margarine (10 g)
- 3 TL Mehl (15 g)
- oder 1 EL Haferschmelzflocken (10 g)
- 100 ml Milch
- 1 Pr. Salz oder Suppenwürze
- 1 Pr. Muskat oder weißer Pfeffer
- 1 Ei, Eiweiß und Eigelb getrennt
- 2 TL geriebenen Hartkäse (10 g)

Das Gemüse in eine flache Auflaufform legen. Die Butter oder Margarine erhitzen und das Mehl oder die Haferflocken darin anschwitzen. Die Milch dazugießen, kräftig durchrühren und aufkochen lassen, die Soße würzen.
Das Eiweiß steifschlagen und mit dem Eigelb und dem Käse locker unter die Soße ziehen. Die Masse über das Gemüse geben. Bei 200°C etwa 20 Minuten überbacken (gratinieren).

Variationen

Nach Belieben können Sie bei **Diätstufe 4** auch Schinkenwürfel oder Eischeiben unter das Gemüse heben.

Verlorene Eier auf Spinat ③

E 18 g	F 20 g	KH 5 g
kcal 280	kJ 1170	

200 g feine, junge Spinatblätter
oder 150 g tiefgefrorenen Blattspinat
1 Pr. Salz
1 Pr. Muskat oder weißer Pfeffer
2 EL Sahne oder Crème fraîche (30 g)
2 kleine Eier, Klasse 3 oder 4
1 EL Essig

Den Spinat waschen, gut abtropfen lassen und über Wasserdampf garen, bis die Blätter zusammengefallen sind (Tiefkühlspinat erwärmen). Den Spinat würzen und mit Sahne oder Crème fraîche verfeinern. Für die Eier in einem kleinen Topf $^1/_2$ l Wasser mit Essig zum Kochen bringen. Die Eier einzeln in eine Tasse schlagen und vorsichtig in das kochende Wasser gleiten lassen. 3 Minuten bei schwacher Hitze pochieren. Dann die Eier mit einem Schaumlöffel vorsichtig herausheben und auf dem Spinat anrichten.

Variation

Zu verlorenen Eiern paßt auch sehr gut Tomatensoße, Reis und Salat.

Kuchenmichel ④

E 14 g	F 16 g	KH 24 g
kcal 300	kJ 1255	

5 TL Mehl (25 g)
1/8 l Milch
1 Pr. Salz
1 Ei
1 TL Butter oder Margarine (5 g)

Das Mehl mit 2 EL Wasser, Milch und Salz verrühren. Das Ei zugeben. Den Teig in eine gefettete Auflaufform füllen, so daß diese nur zu 1/3 gefüllt ist, denn der Kuchenmichel geht beim Backen sehr hoch auf. Etwa 15 Minuten bei 200° C backen und sofort servieren.

Tip

Dieses Gericht wird auch Ofenkater, Pfitzauf oder Yorkshire Pudding genannt. Es paßt als Beilage zu Gemüse oder Fleisch oder ist, mit Kompott serviert, eine süße Hauptmahlzeit. Reste können Sie sogar kleingeschnitten als Suppeneinlage nehmen.

Quarksoufflé mit Früchten ④

E 27 g	F 10 g	KH 21 g
kcal 290	kJ 1215	

125 g Magerquark
1 Ei, Eigelb und Eiweiß getrennt
1 Löffelbiskuit oder Butterkeks, in Krümeln
125 g Kirschen, entsteint, Himbeeren, Heidelbeeren oder Kompottfrüchte nach Wahl
1 TL Butter oder Margarine (5 g)

Den Quark mit dem Eigelb und den Kekskrümeln verrühren. Das Eiweiß zu Schnee schlagen und unterheben. Den Quark abwechselnd mit den Früchten in eine gefettete Auflaufform füllen. Mit Butterflöckchen belegen und im heißen Ofen (200–220° C) nur so lange backen, bis die Soufflèspitzen leicht gebräunt sind.

Englischer Reispudding ③

E 11 g	F 13 g	KH 52 g
kcal 380	kJ 1590	

50 g Milchreis
1/4 l Milch
1 TL Butter oder Margarine (5 g)
1 Msp. geriebene Schale einer unbehandelten Zitrone

Den Reis und die kalte Milch in eine gefettete Auflaufform geben. Die Zitronenschale dazulegen. Im Backofen bei niedriger Temperatur, etwa 150° C, 2–3 Stunden quellen lassen.

Beilagen

Kartoffeln ③

Bereiten Sie **Salz- oder Pellkartoffeln** immer frisch zu. Salzkartoffeln schmekken besser, wenn Sie eine Zehe Knoblauch mitkochen.

150 g Kartoffeln liefern:

E 3 g	F 0 g	KH 29 g
kcal 131	kJ 540	

200 g Kartoffeln liefern:

E 4 g	F 0 g	KH 38 g
kcal 170	kJ 720	

Brat- und Röstkartoffeln, Pommes frites und Chips sowie fetter, kalter Kartoffelsalat müssen vermieden werden.
Probieren Sie einmal **Folienkartoffeln:** Wickeln Sie dazu gleich große, mehlige Kartoffeln in Alufolie. Backen Sie die Kartoffeln etwa 1 Stunde bei 200°C im Ofen. Die Garprobe machen Sie mit einem Zahnstocher oder einer Stricknadel.
Kartoffelbrei oder Kartoffelpüree können Sie frisch mit Vollmilch zubereiten oder mit etwas Kochwasser und Sahne aufschlagen. Nehmen Sie zum Kochen der Kartoffeln möglichst wenig Wasser, damit Sie es nicht wegschütten müssen. Auch die Verwendung von Kartoffelpüreeflocken ist in der Magendiät erlaubt. Würzen Sie Kartoffelbrei zur Abwechslung einmal mit fein gehackten Kräutern, Tomatenmark oder Spinat.

Warmer Kartoffelsalat nach Welscher Art ④

E 3,7 g	F 17 g	KH 31 g
kcal 320	kJ 1340	

- 1/2 Zwiebel (20 g), in Würfeln
- 2 TL Öl (10 g)
- 150 g Kartoffeln, festkochend, in dünnen Scheiben
- 3 EL Weißwein
- 1/2 Tasse milde Brühe
- 25 g Sahne
- 1 EL Essig
- 1 Msp. Senf
- 1 Pr. Salz
- 1 TL Kapern oder 1 Cornichon, in Scheiben
- 1 TL Schnittlauch, in Röllchen

Die Zwiebelwürfel in Öl andünsten, die Kartoffeln dazugeben. Mit Wein und Brühe ablöschen und zugedeckt garen. Die übrigen Zutaten zu einer Soße verrühren. Diese unter die noch warmen Kartoffeln rühren und sofort servieren.

Tip

Sämigen Kartoffelsalat können Sie mit einer mehligkochenden Kartoffelsorte zubereiten. Die gekochten Kartoffeln dann mit der Gabel leicht zerdrücken.
Nur wirklich frischer, noch warmer Kartoffelsalat (mit wenig Öl, ohne rohe Zwiebeln oder Mayonnaise) **darf** in der Magendiät **gegessen werden.**

Kartoffelsoufflé ④

E 17 g	F 22 g	KH 32 g
kcal 405	kJ 1690	

200 g Kartoffelbrei
1 Ei, Eigelb und Eiweiß getrennt
1 Pr. Salz
1 Pr. Muskat
2 EL geriebenen Hartkäse (20 g)
2 TL Butter oder Margarine (10 g)

Den Kartoffelbrei mit dem Eigelb, Salz, Muskat und der Hälfte des Käses mischen. Das Eiweiß steifschlagen und unterziehen. Eine kleine Auflaufform fetten, die Masse zu 3/4 einfüllen, mit dem restlichen Käse und den Butterflöckchen bedecken. Im Ofen bei 200°C etwa 15 Minuten backen, bis die Oberfläche leicht zu bräunen beginnt.

Tip

Sie können das Soufflé auch ohne Eigelb, dafür mit 2 steifgeschlagenen Eiweißen herstellen. Ohne Käse, aus frischem Püree zubereitet, ist das Soufflé auch während der **Diätstufe 3** erlaubt.

Reis

Reis ist für alle Diätstufen geeignet. Das Angebot ist mittlerweile sehr groß:
Weißer Reis, als **Rundkorn-** oder **Langkornreis** wird beim Kochen sehr weich und ist besonders für **die Diätstufen 1 und 2** geeignet.
In der **Diätstufe 3** können Sie den körnig-kochenden **parboiled Reis** nehmen, eine Sorte, die durch ein Spezialverfahren reich an Vitaminen und Mineralstoffen ist.
Bei **Diätstufe 4** dürfen Sie auch **Vollreis,** beziehungsweise **Naturreis** nehmen. Es handelt sich hierbei um den entspelzten, nicht geschälten und nicht polierten Reis, der noch den Keimling und das vitamin- und mineralstoffreiche Silberhäutchen hat. Beachten Sie, daß Vollreis nur begrenzt lagerfähig ist (Verfallsdatum einhalten!) und längere Kochzeit benötigt. Er schmeckt kräftiger und hat eine dunklere Farbe.
Würzige Reismischungen, vor allem auch mit wildem Reis und scharfen Gewürzen, sind auch für die Diätstufe 4 nicht empfehlenswert.
Vorbehandelte **Reisflocken** und **Schnellkochreis** können in allen Diätstufen eingesetzt werden.

1 Portion gekochter Reis = 150 g, das entspricht 50 g rohem Reis, liefert:

E 3,5 g	F 0 g	KH 40 g
kcal 180	kJ 755	

Nudeln ③

Als Beilage rechnet man 50–60 g pro Portion, das ergibt nach dem Kochen 150–180 g.

50 g Hartgrießnudeln liefern:

E 5 g	F 0 g	KH 37,5 g
kcal 175	kJ 730	

Nudeln können Sie in größeren Portionen vorkochen, im Kühlschrank kurze Zeit aufbewahren oder portionsweise einfrieren.
Restliche Nudeln können auch sehr gut für Suppen und Salate verwendet werden.
Beachten Sie das umfangreiche Nudelangebot. Verschiedene Formen und Farben sind auch in der Diätküche willkommen.
Wenn Sie kalte Nudeln wieder erwärmen wollen, können Sie sie im Sieb über Wasserdampf oder in kochendem Wasser ohne Fett erhitzen.
Auch in einer Pfanne können Nudeln durch Zugabe von 1–2 EL Wasser mit geringster Fettmenge erwärmt werden.

Gemüse

Wählen Sie die Gemüsesorten, die Sie gut vertragen und die Ihr Arzt empfiehlt.
Harte, zellulosereiche Gemüse, wie Kohl und Kraut, sind nicht empfehlenswert, zumal sie auch meist mit viel Fett zubereitet werden.
Zartes, junges Frischgemüse, weich gedünstet, gedämpft oder gekocht, ist meist bekömmlicher. Geben Sie möglichst erst am Ende der Zubereitung ein wenig Butter, Margarine oder Öl dazu.
Tiefkühl- oder Dosengemüse natur, also nicht mit Soßen oder Fett und Gewürzmischungen, können Sie ebenfalls nehmen.
Wenn Sie sämige Soßen an Ihrem Gemüse lieben, können Sie es mit Mehl, Stärke, Soßenbinder oder Haferschmelzflocken binden. Meiden Sie jedoch fette Mehlschwitzen.

Zucchinigemüse ③

E 2 g	F 13 g	KH 10 g
kcal 105	kJ 440	

150 g Zucchini,
in Scheiben oder Würfeln
1 TL Butter oder Margarine (5 g)
1/2 Tasse milde Brühe
1 Pr. Salz
1 TL Dill, gehackt
2 EL Sahne oder Crème fraîche (30 g)

Die Zucchini in Butter oder Margarine andünsten, Brühe und Salz zugeben. Zugedeckt etwa 5 Minuten schmoren lassen. Dann den Dill und die Sahne unterrühren, erhitzen, aber nicht mehr kochen.

Blattgemüse, gedünstet ③

E 5 g	F 9 g	KH 5 g
kcal 125	kJ 525	

150–200 g junges Blattgemüse
(zarter Blattspinat, Kopfsalat, Mangold, Chinakohl, Chicorée)
1 Pr. Salz
1 Pr. Muskat
eventuell 1 Pr. Soßenbinder
2 EL Sahne oder Crème fraîche (30 g)

Das Blattgemüse nach dem Waschen tropfnaß in einen kleinen Topf, eventuell mit 1–2 EL Wasser, geben, würzen. Zugedeckt bei starker Hitze zusammenfallen lassen. Die Flüssigkeit eventuell mit Soßenbinder binden. Die Sahne oder Crème fraîche mit der Soße verrühren, über das angerichtete Gemüse geben.

Fenchel in Tomatensoße ③

E 4 g	F 0 g	KH 22 g
kcal 100	kJ 420	

1 Fenchelknolle (etwa 200 g)
1/2–1 Tasse milde Brühe
1 TL Soßenbinder (5 g)
2 TL Tomatenmark (10 g)
oder 25 g Tomatenketchup
1 Pr. Zucker
1 Pr. Salz
2–3 Tropfen Zitronensaft
1 Pr. Piment
Fenchelgrün zum Anrichten

Den Fenchel halbieren, den Strunk herausschneiden und die Knolle in schmale Streifen teilen oder ganz lassen. Das Fenchelgrün beiseite legen. Die Knolle mit Brühe bedeckt bei milder Hitze weichdünsten. Die Flüssigkeit mit dem Soßenbinder binden und mit Tomatenmark oder -ketchup, Zucker, Salz, Zitronensaft und Piment würzen. Zum Anrichten das Fenchelgrün danebenlegen oder feingehackt darüberstreuen.

Kohlgemüse

Kohl- und Krautsorten sind in den meisten Fällen schwer verdaulich. Oft werden sie noch fettreich zubereitet und sind somit für den Magenkranken verboten. Junger Kohlrabi und Blumenkohl jedoch werden von vielen, vor allem gedünstet, sehr gut vertragen.

Zwiebeln

Rohe oder gebratene Zwiebeln werden meist schlecht vertragen. Gekochte Zwiebeln, in Ringe geschnitten, sind in der Diät erlaubt, sie verfeinern Gemüse- und Fleischgerichte. **Blanchierte Zwiebelwürfel** sind in der **Diätstufe 3** erlaubt, bei **Diätstufe 4** auch rohe Zwiebeln.

Gemüse, im Dampf gegart ③

E 1 g	F 4 g	KH 8 g
kcal 75	kJ 315	

150–200 g Gemüse, in Stücke geschnitten (zum Beispiel Karotten, Sellerie, Kohlrabi, Blumenkohl, Brokkoli, Spargelspitzen)
1 Pr. Salz
1 TL Butter oder Margarine (5 g)
1 TL Petersilie, fein gehackt

Das Gemüse in den verstellbaren Dämpfeinsatz oder in einen Topf mit einem Siebaufsatz legen und leicht salzen.
In den unteren Topf etwa 1/4 l Wasser (oder Brühe) geben. Die Töpfe stapeln und zugedeckt 10–20 Minuten kräftig kochen lassen. Prüfen Sie danach, ob das Gemüse gar ist.
Butter oder Margarine und Petersilie über das angerichtete Gemüse geben.

Tip

Wenn Sie das Gemüse im Dampfdrucktopf garen möchten, ist die Garstufe 1 ausreichend.
Wenn Sie keinen Siebeinsatz haben, nehmen Sie pro Portion etwa 1/2 Tasse Flüssigkeit und dünsten Sie das Gemüse bei mittlerer Hitze.

Spargel in Käsesoße ③

E 8 g	F 7,3 g	KH 10 g
kcal 140	kJ 585	

150 g Spargelköpfe (Dose) oder frischer Spargel, im Dampf gegart
1/8 l milde Brühe
1 TL Mehl oder Soßenbinder (5 g)
1 Pr. Muskat
1 Pr. weißer Pfeffer
3–4 Tropfen Zitronensaft
1/2 Ecke Sahneschmelzkäse (30 g)

Den Spargel abseihen, eventuell kleiner schneiden. Die kalte Brühe mit Mehl anrühren, kräftig durchkochen lassen, dann würzen. Der Soßenbinder muß in die kochende Flüssigkeit eingestreut werden. Den Schmelzkäse in der nicht mehr kochenden Soße auflösen. Das Gemüse einlegen und ein paar Minuten bei niedrigster Hitze ziehen lassen.

Variationen

Auch Schwarzwurzeln, weiße Mangoldstiele oder Stangensellerie schmecken mit Käsesoße sehr gut. Nach Belieben können Sie die Soße mit Eigelb legieren und das Gemüse mit frisch gezupften Kerbel- oder Petersilienblättchen anrichten.

Auberginen-Tomaten-Gemüse ④

E 3,3 g	F 5 g	KH 11 g
kcal 105	kJ 440	

1 kleine Aubergine (150 g), in dünnen Scheiben
1 TL Salz
100 g Eiertomaten
1/2 TL Kräuter der Provence oder Basilikum, getrocknet
1 Pr. Pfeffer
1/2 Tasse milde Brühe
3–4 Tropfen Zitronensaft
1 TL Öl, eventuell Olivenöl

Die Auberginenscheiben mit Salz bestreuen. Ziehen lassen, bis sich Tröpfchen bilden, dann abtupfen.
Die Tomaten brühen, häuten und in Scheiben schneiden. Das Gemüse zusammen mit Kräutern und Pfeffer in der Brühe weichdünsten. Zuletzt mit Zitronensaft und Öl abschmecken.

Variationen

Dünsten Sie statt Auberginen Zucchini- oder Gurkenscheiben mit den Tomaten.

Salate und Rohkost

Schon zu Beginn der **Diätstufe 3** dürfen Sie Salat essen.
Nehmen Sie zuerst kleine Portionen von zarten Sorten, vor allem mit einem milden Dressing angemacht.
Scharfe Essigmarinaden mit viel Öl und Gewürzen sollten Sie meiden.
Sie können Ihren Salat mit Joghurt, Sahne, Crème fraîche oder einer milden Zitronen- oder Essig-Öl-Marinade mit vielen Kräutern anmachen.
Nehmen Sie bei **Kopfsalat** die inneren Teile oder junge Blätter.

Feldsalat, junger Blattspinat und **Chinakohl** gehören zu den zarteren Sorten.
Auch **Eissalat** ist fein, mild und doch knackig, deshalb so beliebt.
Lollo Rosso ist ein neugezüchteter Salat, den es in grün und weiß gibt. Seine krausen Rosetten schmücken den Salatteller.
Französische Salatmischungen kann man auch in kleinen Mengen kaufen. Sie haben den Vorteil, daß Sie auch für einzelne Portionen verschiedene Sorten haben.

Rote-Bete-Salat ③

E 3,5 g	F 5 g	KH 12 g
kcal 110	kJ 460	

150 g rote Bete, gekocht oder kleine, ganze rote Bete aus dem Glas
1 EL Zitronensaft
1 TL Meerrettich
1 Pr. Salz
1 TL Öl (5 g)
1–2 grüne Salatblätter

Die roten Bete würfeln oder kleine Rübchen aus dem Glas vierteln.
Aus Zitronensaft, Meerrettich, Salz und Öl eine Soße rühren und mit den roten Beten mischen.
Kurz ziehen lassen. Dann auf Salatblättern anrichten.

Gemüse-Apfel-Rohkost ③

E 3 g	F 1,5 g	KH 20 g
kcal 110	kJ 460	

100 g Gemüse, fein gerieben (Karotten, Kohlrabi, Rettich, Sellerie, rote Bete oder grobgeraspelte Zucchini)
50 g Joghurt
1–2 TL Zitronen- oder Orangensaft
1 Msp. geriebene Schale einer unbehandelten Zitrone oder Orange
1 Pr. Zucker oder 1 Msp. Honig
50 g Apfel, in feinen Stiften oder grobgeraspelt

In das feingeriebene Gemüse Joghurt, Zitronen- oder Orangensaft und -schale, Zucker oder Honig rühren. Den Apfel am besten zuletzt direkt hineinreiben und gleich untermischen.

Feldsalat mit Radieschen ④

E 4 g	F 10 g	KH 3,6 g
kcal 125	kJ 525	

50 g Feldsalat
4–5 Radieschen
10 g Kürbis- oder Pinienkerne

Soße:

1 Msp. Senf
1 Knoblauchzehe, gepreßt
1/4 Zwiebel (10 g), in Würfeln
1 EL Rotweinessig
1 TL Öl (5 g)
1 TL Schnittlauch, in Röllchen

Den Feldsalat putzen, auf einer Schale anrichten. Die Radieschen kreuzweise mehrmals fein einschneiden und über dem Salat verteilen. Die Kürbis- oder Pinienkerne darüberstreuen. Aus den übrigen Zutaten eine Soße bereiten und über den Salat träufeln.

Chinakohl-Möhren-Salat ③

E 2 g	F 10 g	KH 14 g
kcal 160	kJ 670	

40 g Chinakohl, in 1 cm breiten Streifen
80 g Möhren, in Scheiben,
gekocht oder gedämpft
eventuell 50 g Apfel, in Schnitzen

Soße:

1 Msp. Senf
1 Pr. Salz
1 EL Essig oder Zitronensaft
2 TL Öl (10 g) oder 2 EL Sahne (30 g)
1 Pr. weißer Pfeffer

Chinakohl, Möhren und eventuell Apfel locker mischen. Aus den übrigen Zutaten eine Soße bereiten und darüberträufeln.

Variation

Für **Diätstufe 4** feingehackte Zwiebeln oder gehackte Nüsse oder Pinienkerne unter den Salat mischen.

Zuckerschoten in Zitronen-Sahne-Soße ④

E 3 g	F 15 g	KH 13 g
kcal 205	kJ 860	

150 g Zuckerschoten
50 g eingelegter Kürbis
1 Pr. Salz
1 Pr. Pfeffer
50 g Sahne
1 EL Zitronensaft
1 Pr. Zucker
1 Msp. geriebene Schale einer
unbehandelten Zitrone
3–4 feine Streifen einer
unbehandelten Zitronenschale

Die Zuckerschoten putzen und entfädeln und im Siebeinsatz über Wasserdampf garen. Auf einem Teller mit Kürbisstückchen anrichten und mit Salz und Pfeffer bestreuen.
Die Sahne halbsteif schlagen. Mit Zitronensaft, Zucker und Zitronenschale abschmecken. Über das vorbereitete Gemüse geben und mit Schalenstreifen garnieren.

Variation

Nehmen Sie statt Zuckerschoten zarte, grüne Bohnen und eingelegte Silberzwiebeln. Dazu paßt eine Soße aus Crème fraîche und frischen Kräutern.

Kohlrabi-Möhren-Salat mit Kerbelvinaigrette ③

E 3 g	F 5 g	KH 10 g
kcal 100	kJ 420	

- 100 g Kohlrabi, in Streifen oder dünnen Scheiben
- 100 g Möhren, in Streifen oder Scheiben
- 1 TL Essig
- 1 Pr. Salz
- 1 Msp. Senf
- 1 Pr. Zucker
- 1 TL Öl (5 g)
- 1–2 EL Gemüsesud
- 2 EL Kerbelblättchen, gezupft

Den Kohlrabi und die Möhren im Siebeinsatz über Wasserdampf garen. Auf einem Teller anrichten. Essig, Salz, Senf, Zucker, Öl und Gemüsesud kräftig verrühren, über das vorbereitete Gemüse träufeln. Kleingezupfte Kerbelblättchen darüber verteilen und kurz ziehen lassen.

Süßspeisen

Nehmen Sie Süßspeisen und Desserts erst nach ärztlicher Erlaubnis zu sich, oder wenn Sie Süßes wirklich vertragen.
Süßen Sie so wenig wie möglich. Etwas Honig oder Malz kann als Süßungsmittel eingesetzt werden. Denken Sie auch an den natürlichen Zuckergehalt bei Obst und Säften, und nehmen Sie deshalb weniger oder gar kein Süßungsmittel mehr.

In den folgenden Dessertrezepten wird Zucker in geringen Mengen verwendet. Ersetzen Sie ihn eventuell ganz oder zur Hälfte durch Süßstoff.
Essen Sie in der **Diätstufe 4** als Dessert Knäcke-, Weißbrot oder Baguette mit etwas Butter und mildem Käse oder frisches, reifes Obst oder eines der folgenden Rezepte.

Obstreis ④

Mischen Sie 100 g gekochten Reis mit etwas Obstsalat oder kleingeschnittenen Früchten je nach Jahreszeit. Sehr gut schmecken frische Erdbeeren mit Orangensaft.
Während der **Diätstufe 3** sind nicht alle Früchte erlaubt. Gut eignen sich Birnen, frisch oder als Kompott, und Bananen, die mit etwas Zitronensaft und 1 Msp. Vanillezucker aromatisiert werden.

Weincreme ④

E 7 g	F 6 g	KH 25 g
kcal 185	kJ 775	

- 1 Ei, Eiweiß und Eigelb getrennt
- 1 EL Zucker (10 g)
- 1 EL Speisestärke (10 g)
- 1/8 l Weißwein
- 1 Msp. geriebene Schale einer unbehandelten Zitrone
- 1 TL Zitronensaft

Das Eigelb mit Zucker und Stärke verrühren. Den Wein zugeben und unter kräftigem Rühren bis knapp zum Siedepunkt erhitzen. Das Eiweiß zu Schnee schlagen und unter die noch heiße Creme heben.

Tip

Wenn Sie die Flüssigkeitsmenge verdoppeln, eventuell auch mit Apfelsaft, können Sie nach diesem Rezept eine Weinschaumsoße zubereiten.

Quarkcreme mit Aprikosensoße ③

E 12 g	F 1 g	KH 21 g
kcal 145	kJ 605	

Für 2 Portionen

- 150 g Magerquark
- 50 ml Milch oder Buttermilch
- 1 EL Zucker (10 g)
- 1 Msp. geriebene Schale einer unbehandelten Orange oder Zitrone
- 150 g Aprikosenkompott

Den Quark mit der Milch oder der Buttermilch cremigrühren. Den Zucker und die Zitronen- oder Orangenschale untermischen. In 2 Dessertschalen füllen.

Das Aprikosenkompott durch ein Sieb streichen oder im Mixer pürieren. Vorsichtig als obere Lage auf die Quarkcreme gießen.

Variation

Nehmen Sie statt Aprikosen Pfirsichpüree oder -mus aus frischen (oder tiefgefrorenen) Früchten.

Schnee-Eier in Vanillesoße ③

E 8 g	F 8 g	KH 24 g
kcal 205	kJ 860	

Für 2 Portionen

1 Ei, Eigelb und Eiweiß getrennt
2 EL Zucker (20 g)
2–3 Tropfen Zitronensaft
300 ml Milch
1/2 TL geriebene Schale einer unbehandelten Orange
1/2 Vanilleschote, halbiert und ausgeschabt
3 TL Speisestärke oder Vanillepuddingpulver (15 g)

Das Eiweiß sehr steifschlagen. Den Zucker und den Zitronensaft zugeben und kräftig unterschlagen. Mit 2 Eßlöffeln 4 Nockerln formen und in der Milch 3–4 Minuten kochen, dabei einmal vorsichtig umdrehen. Dann herausnehmen und in Schälchen füllen. In die Mitte, als „Eigelb", die Orangenschale geben. Die Vanilleschote mit dem Mark in die Milch geben. Die Stärke oder das Puddingpulver mit 2–3 EL Wasser anrühren und die kochende Milch damit binden. Das Eigelb mit etwas Soße anrühren und in die nicht mehr kochende Vanillesoße heben. Die Schote entfernen und die Soße zu den Schnee-Eiern gießen.

Feine Fruchtcreme ③

E 4 g	F 4,5 g	KH 10 g
kcal 100	kJ 420	

Für 2 Portionen

125 g pürierte, durch ein Sieb passierte Früchte (1/8 l Fruchtmark)
1 TL Zitronensaft
1 EL Zucker (10 g)
2 Blatt weiße Gelatine
1 Eiweiß, 30 g Schlagsahne

Das Fruchtmark mit Zitronensaft, Zucker und der aufgelösten Gelatine (siehe Tip, unten) mischen. Kalt stellen, bis die Masse zu gelieren beginnt. Das Eiweiß und die Sahne getrennt steifschlagen und unterziehen. Die Creme kalt stellen.

Tip

Gelatine ist ein kohlenhydratfreies, sehr bekömmliches Bindemittel.
Gelatineblätter zuerst in ca. 1/4 l kaltem Wasser einweichen, bis sie weich werden. Dann die Blätter herausnehmen, abtropfen und in einer Tasse im Wasserbad erhitzen, bis sie flüssig werden. Dann die Gelatine unter kräftigem Rühren an die Speise geben.
Ist die Speise, die geliert werden soll, bereits heiß, können die eingeweichten Blätter direkt dazugegeben werden. Steifgeschlagenes Eiweiß oder Sahne wird immer erst dann an Gelatinespeisen gegeben, wenn diese zu gelieren beginnt. Kochen Sie die Speise nach dem Zugeben der Gelatine nicht mehr auf.

Gefüllter Pfirsich ③

E 9 g	F 16 g	KH 15 g
kcal 245	kJ 1025	

Für 2 Portionen

2 Pfirsichhälften (100 g), gedünstet und enthäutet
100 g Magerquark
1 Päckchen Vanillezucker
1 Msp. geriebene Schale einer unbehandelten Zitrone
100 g geschlagene Sahne
10 g Bitter- oder Blockschokolade, gehobelt oder feingerieben, oder 2 Kirschen

Die Pfirsiche mit der Schnittfläche nach oben in Dessertschalen geben.
Den Quark mit Vanillezucker und Zitronenschale verrühren. Die Schlagsahne unterziehen.
Die Pfirsiche damit füllen und mit Blockschokolade oder Kirschen verzieren.

Variationen

Sie können auch gekochte Birnen oder Bananen mit der Sahne-Quark-Mischung füllen. Bananen dazu längs halbieren, mit dem Teelöffel etwas Fruchtfleisch aus der Mitte schaben und unter die Füllung geben.

Gebackenes

Brot, Brötchen und Kuchen sind bekömmlicher, wenn sie nicht frisch gegessen werden, sondern 1–2 Tage alt sind. Süße und fettreiche Gebäcke sind nicht empfehlenswert. Dazu gehören vor allem Nuß-, Mohn- und Schmalzgebäck sowie Torten und Kuchen mit einem dickem Zuckerguß.
Rührkuchen, Biskuits, einfache Kekse können Sie bei Zuckerverträglichkeit in kleinen Mengen essen, wenn sie nicht ofenfrisch auf den Tisch kommen, und auch lockeres Vollkorngebäck wird kaum Probleme bringen.

Im folgenden finden Sie 3 Teigrezepte, aus denen Sie verschiedene Gebäckformen herstellen können:

- einen **Zopf** oder **Wecken,**
- süße oder salzige **Brötchen, Brezeln, Hörnchen** beziehungsweise **Kipferln,** von jeweils 50 g Teig,
- kleine **Partybrötchen,** von jeweils 30 g Teig, die mit Sesam, Kümmel, Mohn oder Salz bestreut werden,
- **Hörnchen** oder gefüllte **Taschen** mit Obst oder Quarkfüllung,
- **Blechkuchen** mit gebackenem Obstbelag, zum Beispiel Apfel.

Vollkornhefeteig ④

E 2,4 g	F 2 g	KH 12 g

kcal 80	kJ 335

Für 15 Stück

- 125 g Mehl
- 125 g Weizenvollkornmehl
- 1 Päckchen Trockenhefe oder
- 20 g Frischhefe (= 1/2 Würfel)
- 1/8 l Milch, lauwarm
- 25 g Butter oder Margarine
- 1 Pr. Salz
- 1 Eigelb

Das Mehl mit dem Vollkornmehl und der Trockenhefe mischen. (Die Frischhefe vorher in Milch auflösen!) Die Milch, die weiche Butter oder Margarine, Salz und Eigelb zugeben und alles zu einem Teig verkneten. Etwa 30 Minuten an einem warmen Ort ruhen lassen, dann erneut durchkneten.
Den Teig nach Belieben formen (siehe oben) und auf ein mit Backpapier belegtes Blech geben.
Nach Belieben mit Eigelb, Milch oder Zuckerwasser bestreichen und mit Sesam, Kümmel oder Mohn bestreuen.
Vor dem Backen nochmals gut aufgehen lassen. Bei 175°C etwa 20 Minuten backen.

Quark-Öl-Teig mit Weizenvollkornmehl ③

E 3,3 g	F 6 g	KH 12 g
kcal 120	kJ 500	

Für 9 Stück

- 75 g Magerquark
- 50 g Öl
- 50 ml Milch
- 1 Pr. Salz
- 150 g Weizenvollkornmehl
- 1/2 Päckchen Backpulver

Den Quark mit Öl, Milch und Salz verrühren.

Das Mehl mit Backpulver mischen und zugeben. Den Teig rasch zusammenkneten. Aus dem Teig das gewünschte Gebäck formen oder den Teig auf das Blech drücken und belegen.

Das Kleingebäck oder den Blechkuchen bei 200° C, Zopf oder Wecken bei 175° C backen.

Quarkhefeteig ③

E 5,7 g	F 4,6 g	KH 27 g
kcal 175	kJ 735	

Für 10 Stück

- 350 g Mehl
- 250 g Magerquark
- 50 g Zucker oder Honig
- 4 EL Butter oder Margarine (40 g)
- 1 Msp. geriebene Schale einer unbehandelten Zitrone
- 1 Ei
- 1 Päckchen Trockenhefe oder 20 g Frischhefe (= 1/2 Würfel), in 2 EL Wasser aufgelöst

Alle Zutaten in eine Rührschüssel geben und mit dem Knethaken zuerst auf niedriger, dann auf höchster Stufe zu einem glatten Teig verarbeiten. An einem warmen Ort stehenlassen, bis sich das Volumen deutlich vergrößert hat. Dann erneut durchkneten. Aus dem Teig Gebäckstücke formen und auf ein mit Backpapier belegtes Blech legen.
Vor dem Backen erneut gut aufgehen lassen. Kleingebäck bei 200°C, große Gebäckstücke bei 175°C backen.

Biskuit ③

E 3,3 g	F 2,4 g	KH 19 g
kcal 115	kJ 480	

- 4 Eier, Eiweiß und Eigelb getrennt
- 100 g Zucker
- 50 g Mehl
- 50 g Speisestärke
- 1 TL Vanillezucker oder geriebene Schale einer unbehandelten Zitrone
- eventuell 1 TL Backpulver
- 1 gefettete Kasten- oder Springform

Die Eigelbe mit 4 EL heißem Wasser und der Hälfte des Zuckers schaumigschlagen. Die Eiweiße zu Schnee schlagen und den Rest des Zuckers kräftig einarbeiten. Den Eischnee auf die Eigelbcreme geben. Mehl, Stärke, Vanillezucker oder Zitronenschale und Backpulver darübersieben und locker unterheben. Den Teig in die vorbereitete Form füllen. Bei 175–200°C 30–40 Minuten backen.

Variationen

Für Zwieback (sehr lange haltbar!) den Biskuitteig eventuell mit 1 TL Anis würzen und in einer Kastenform backen. Am nächsten Tag den Kuchen in Scheiben schneiden. Diese im Ofen bei schwacher Hitze nebeneinander liegend auf einem Rost nachbacken, bis sie hart, aber nicht dunkel sind. Dieser Zwieback ist auch bei **Diätstufe 2** erlaubt.
Für Obstkuchen, **Diätstufe 3**, den Biskuit in einer Springform backen. Vor dem Belegen den Kuchen für 2 Böden durchschneiden und eine Hälfte einfrieren!

Kalte Speisen und kleine Gerichte

Alle kleinen kalten Gerichte sollten Sie immer mit etwas Butter, Knäckebrot oder Brötchen essen. Auch Kartoffeln, Nudeln oder Reis sind erlaubt. Kartoffelbrei aus Püreeflocken ist schnell zubereitet und paßt zu fast allen Gerichten. Er kann, ebenso wie Schnellkochreis, in sehr kleinen Mengen gekocht werden. Fett sollten Sie jedoch nur noch in geringen Mengen zugeben.

Quark und Frischkäse

Quark wird im Handel in 3 Fettstufen angeboten. Wählen Sie die Sorte, die Ihnen am besten bekommt, und würzen Sie nach Geschmack.

Doppelrahmfrischkäse können Sie, wenn der Arzt Fett erlaubt, bereits während der **Diätstufe 2** als dünnen Brotaufstrich nehmen.

Rahmfrischkäsezubereitungen (mit Pfeffer, Knoblauch, Meerrettich oder Kräutern) sollten Sie je nach Verträglichkeit erst in den späteren **Diätstufen 3 und 4** essen.

Salatteller mit Geflügelfleisch ③

E 27 g	F 14 g	KH 11 g
kcal 285	kJ 1195	

3–4 schöne Salatblätter, zum Beispiel Lollo Rosso, oder mehrere Büschel Feldsalat
150 g gedämpftes Gemüse, zum Beispiel Möhren, Zuckerschoten, grüne Bohnen, Stangensellerie, Spargel, Brokkoli- oder Blumenkohlröschen
100 g gekochtes oder gebratenes Hühnerfleisch
1–2 EL Gemüsesud
2 TL Öl (10 g)
1 EL Essig
1 Pr. Salz
1 Msp. Senf
1 Pr. weißer Pfeffer
1 TL krause Petersilie, kleingezupft

Den Salat und das Gemüse auf einem größeren Teller ausbreiten. Das Fleisch in schräge Stücke schneiden und in die Mitte legen. Die übrigen Zutaten zu einer Soße verrühren und über den Salat träufeln.

Blitzmayonnaise ③

E 4,5 g	F 5 g	KH 0 g
kcal 95	kJ 400	

Für 2 Portionen

- 100 g Kondensmilch, 10% Fett, gut gekühlt
- 1 Pr. Salz
- 1 Pr. Zucker
- 1 TL Senf
- 1 EL Essig oder Zitronensaft

Die Kondensmilch mit den übrigen Zutaten verrühren. Mit dem elektrischen Rührgerät auf höchster Stufe oder im Mixgerät aufschlagen. Diese fettarme „Mayonnaise“ können Sie verdünnt als Salatsoße verwenden oder als Soße zu kalten Platten reichen.

Avocadomousse ③

E 4,6 g	F 30 g	KH 15 g
kcal 360	kJ 1505	

Für 3 Portionen

- 2 Blatt weiße Gelatine
- 100 ml Gemüsebrühe
- 1 weiche Avocado (etwa 300 g)
- 2 EL Zitronensaft, 1 Pr. Salz
- 2–3 Tropfen Worcestersoße
- 50 ml Weißwein oder Apfelsaft
- 100 ml Sahne

zum Anrichten:

- Salatblätter, Kresse, Feldsalat und Toast

Die Gelatine in kaltem Wasser einweichen, bis die Ränder weich sind. Dann herausheben, in der noch warmen Brühe auflösen und bis zum Gelieren kalt stellen. Die Avocado schälen, vom Kern befreien und das Fruchtfleisch sofort mit Zitronensaft, Salz, Worcestersoße, Wein oder Apfelsaft pürieren. Die Sahne steifschlagen, zusammen mit der gelierenden Gemüsebrühe in die Avocadomasse heben. In Portionsschalen oder eine größere Schüssel füllen und kaltstellen.
Zum Anrichten die Avocadomousse stürzen oder Nockerln abstechen. Mit grünen Salatblättern und Toast servieren.

Tip

Die Reife einer Avocado prüft man durch leichten Fingerdruck. Gibt die Avocado nach, so ist die Frucht cremig und eßbereit.

Gestürzte Schinkencreme ③

E 12 g	F 26 g	KH 6 g
kcal 315	kJ 1320	

- 50 g milder, gekochter Schinken, ohne Fettrand, fein gehackt oder püriert
- 25 g Apfel, in sehr kleinen Würfeln
- 25 g gekochter Sellerie, in Würfeln
- 1/8 l lauwarme Geleebrühe (siehe Rezept unten)
- 1 Pr. Salz
- 1 TL Zitronensaft
- 50 g geschlagene Sahne

Den Schinken mit dem Apfel und dem Sellerie mischen. Die Geleebrühe unterrühren, mit Salz und Zitronensaft abschmecken. Die Schlagsahne unterrühren und die Creme in Schälchen füllen. Mindestens 1–2 Stunden kalt stellen. Zum Stürzen die Schälchen in heißes Wasser tauchen, dann den Inhalt herauslösen.

Geleebrühe für Sülzen

- 1/8 l Kraftbrühe, selbst zubereitet (siehe Seite 27)
- 1 Blatt weiße Gelatine, in kaltem Wasser eingeweicht
- 1–2 TL Essig oder Zitronensaft
- 1 Pr. Salz

In der noch warmen beziehungsweise heißen Brühe die Gelatine auflösen. Mit Essig oder Zitronensaft und Salz abschmecken.

Waldorfsalat ③

E 6 g	F 5 g	KH 25 g
kcal 175	kJ 735	

50 g gekochter, Sellerie, in Streifen
50 g Apfel, in kleinen Würfeln
1 Portion Blitzmayonnaise
(Rezept siehe Seite 87)
oder 50 g saure Sahne
1 TL Zitronensaft
1 Pr. Zucker
50 g Ananas- oder Mandarinenstückchen
Salatblätter zum Anrichten

Den Sellerie und den Apfel mit der Mayonnaise oder der sauren Sahne vermengen. Mit Zitronensaft und Zucker würzen. Die Fruchtstückchen unterheben oder den Salat damit dekorieren. Den Salat auf grünen Salatblättern anrichten.

Variation

Bei **Diätstufe 4** an den Salat geröstete Mandelstifte oder 2–3 gehackte Walnußhälften geben.

Kalbfleisch in Gelee ③

E 15 g	F 1,5 g	KH 2,3 g
kcal 85	kJ 335	

Für 2 Portionen

125 g Kalbfleisch, gekocht oder gebraten, in Würfeln
50 g Karotten, gekocht, in Scheiben oder Würfeln, oder anderes Gemüse, zum Beispiel Sellerie oder zarte, grüne Bohnen
1/4 l lauwarme Geleebrühe (siehe Rezept Seite 88)
1 Pr. Salz

zum Anrichten:

krause Petersilie
Salatblätter
einige Eischeiben

Das Kalbfleisch mit dem Gemüse auf 2 Schälchen verteilen. Die Geleebrühe eventuell salzen und darübergießen. Die Förmchen mindestens 2–3 Stunden kalt stellen. Danach die Schalen in heißes Wasser tauchen und stürzen. Mit Petersilie, Salat und Eischeiben anrichten.

Variationen

In das Gelee können Sie gekochtes oder gebratenes Hähnchen- oder Poulardenfleisch, Gemüse nach Wahl, Eischeiben, milden, gekochten Schinken oder Pökelzunge geben.

Geflügelleberpastete ④

E 24 g	F 25 g	KH 10 g
kcal 370	kJ 1550	

Für 2 Portionen

25 g Schalotten, feingehackt
1 Knoblauchzehe, gepreßt
50 g Apfel, in Würfeln
3 EL Butter oder Margarine (30 g)
200 g Geflügelleber, geputzt, in Stücken
1 Pr. Salz
1 Pr. weißer Pfeffer oder
1 TL grüner Pfeffer, gefriergetrocknet
1 Msp. geriebene Schale einer unbehandelten Zitrone
1 Pr. Piment oder Muskat
2 EL Crème fraîche (30 g)
20 g geriebene Haselnüsse

zum Anrichten:

Salatblätter, Tomatenscheiben, Zitronenecken, Preiselbeeren und Toastbrot

Die Schalotten mit Knoblauch und Apfel in 1 EL Butter oder Margarine andünsten. An den Pfannenrand schieben, etwas Fett zugeben und die Leber rosa braten. Die Zwiebelmischung mit der Leber fein pürieren, würzen und das restliche Fett, Crème fraîche und Haselnüsse unterziehen. Die Masse nochmals kräftig abschmecken und in eine Schale oder kleine Förmchen streichen. Einige Stunden kalt stellen.
Zum Anrichten die Pastete aus den Schalen stürzen, eventuell in Scheiben schneiden und mit den restlichen Zutaten anrichten.

Brotbelag ③

Auch der Brotbelag darf während der **Diätphase 3** nicht eintönig sein. Gegessen werden darf:

– kalter Braten, kaltes Geflügelfleisch, magerer roher oder gekochter Schinken, Bündner Fleisch

– Quark, gewürzt mit Kräutern, Meerrettich, Senf, Tomatenmark oder mit Honig und Banane

– Apfelscheiben anstelle von Butter oder Margarine oder Salatblätter, Petersilie oder Dill

Sehr gut schmeckt auch folgender Brotaufstrich:

Rühren Sie 100 g weiche Butter oder Margarine cremig und mischen Sie folgende Zutaten darunter.

- 1 gekochtes, passiertes Eigelb und 1 Pr. Salz oder 1 TL Sardellenpaste
- 1 EL Tomatenmark oder 1 EL Senf
- gehackte Kräuter
- 1 EL Honig
- 1 zerdrückte Banane

Formen Sie aus der Butter eine Rolle auf nassem Pergamentpapier, und bewahren Sie sie eingerollt im Papier im Kühlschrank auf. Entnehmen Sie dann bei Bedarf die gewünschte Menge.

Kräuterjoghurt mit Knäckebrot ③

E 6,5 g	F 2,5 g	KH 14 g
kcal 107	kJ 454	

1 Becher Joghurt, 1,5% Fett
1 TL gehackte Kräuter, zum Beispiel Dill, Petersilie, Borretsch, Basilikum
1 Pr. Salz
3–4 Tropfen Zitronensaft
1 Stück Weizenknäckebrot

Den Joghurt mit Kräutern, Salz und Zitronensaft kräftig verrühren oder mixen. In ein hübsches Glas füllen und mit dem Knäckebrot servieren.

Fruchtmilch mit Haferkeksen ③

E 11 g	F 12 g	KH 34 g
kcal 290	kJ 1215	

200 ml Dickmilch
125 g pürierte Früchte, zum Beispiel Erdbeeren, Himbeeren, Heidelbeeren, Banane
1 TL Zitronensaft
1 Spritzer Süßstoff
1 Pr. Ingwerpulver oder Piment
4 ungesüßte Haferkekse

Die Dickmilch mit dem Fruchtpüree (wenn nötig passiert), Zitronensaft, Süßstoff und den Gewürzen kräftig verrühren oder mixen. In einen Becher oder ein hübsches Glas füllen und mit Haferkeksen servieren.

Bircher Müsli ③

E 9 g	F 1,5 g	KH 24 g
kcal 150	kJ 630	

150 g Magermilchjoghurt
1 1/2 EL feine Haferflocken (15 g) oder Haferschmelzflocken
100 g Apfel, fein gerieben oder Kompottfrüchte nach Wahl
1 TL Zitronensaft
Süßstoff nach Geschmack

Den Joghurt mit den Haferflocken und den Früchten mischen. Mit Zitronensaft und Süßstoff abschmecken.

Tip

Bei **Diätstufe 4** dürfen Sie auch 20–25 g grobe oder kernige Haferflocken nehmen. Weichen Sie die Haferflocken in einer halben Tasse Wasser mindestens 30 Minuten ein. Dann rühren Sie den Joghurt, Milch oder Sahne darunter und geben frische Früchte der Jahreszeit dazu. Nach Belieben mit etwas Süßstoff oder Honig süßen.
Achten Sie darauf, daß fertige Müslimischungen ohne Zucker sind (die Zutatenliste gibt Auskunft darüber). Die entnommenen Portionen können Sie 30–60 Minuten vor dem Essen einweichen, um das Müsli bekömmlicher zu machen. Kleie dürfen Sie nur nach Rücksprache mit Ihrem Arzt zugeben. Knusperkleie wie auch Knusperhaferfleks oder andere Knusperflocken müssen nicht eingeweicht werden.

Zwischenmahlzeiten

Stellen Sie Ihre Zwischenmahlzeit aus Lebensmitteln unterschiedlicher Gruppen zusammen, zum Beispiel Butter- oder Wurstbrot mit Obst, Joghurt mit Keksen, Kaffee mit Milch und Gebäck.

Brot und Backwaren

Weißbrot, Graubrot, leichtes Grahambrot, Brötchen, Brezel, Knäckebrot
Cracker, Butterkekse, Haferkekse, Vollkornzwieback, Eierzwieback
altbackene Hefekuchen, schwach gesüßte Kuchen

Brotbelag

Butter oder Magarine
Frischwurst, Brotaufstriche (siehe Seite 91), magerer, roher und gekochter Schinken, kalter Braten, kaltes Geflügel
Speisequark, natur oder gewürzt
Frischkäse, Schmelzkäse, Camembert, weicher Schnittkäse

Obst

Mandarinen oder Orangen, Äpfel, reife Birnen, Bananen, Melonen

Milchprodukte

Joghurt, Vollfettstufe oder Magerstufe
Kefir, Buttermilch
Milch oder Magermilch mit Keksen oder Cracker
Milchmixgetränke

Getränke

leichter schwarzer Tee oder Kräutertees
leichter Kaffee mit Milch oder Sahne
milde Gemüsesäfte
Mineralwasser ohne Kohlensäure

Genußmittel

Zu den Genußmitteln zählen in erster Linie:
Kaffee, Tee, Kakao, Alkohol und **Tabakwaren.**
Früher waren sie in der Diätetik gänzlich verboten. Heute weiß man, daß sie, richtig dosiert, in vielen Fällen auch gute Dienste leisten können.

- Kaffee oder Tee, verdünnt mit Milch oder Sahne nach dem Essen, sind in **Diätstufe 3 und 4** durchaus erlaubt. Leichter, schwarzer Tee ohne Zucker, kann auch im akuten Stadium genommen werden.
- Ein Glas Wein oder Bier zu den Mahlzeiten wird der Arzt kaum verbieten, harte Schnäpse oder Liköre, besonders in konzentrierter Form sowie Zigaretten, müssen jedoch gemieden werden.
- Ein kleiner Schuß Rum oder Cognac in einer Speise verfeinert diese nicht nur, sondern kann sie auch bekömmlicher machen. Pro Portion sollte aber nicht mehr als ein halber Kaffeelöffel genommen werden.
- Kakao ist zugleich ein Nahrungs- und Genußmittel. Für Getränke, Desserts und Gebäcke kann Kakaopulver oder aufgelöste Schokolade in kleinen Mengen zugegeben werden. Für **Diätstufe 1 und 2** ist **Schokolade unerwünscht.**

PACKED FOR
TEA

Rezeptverzeichnis